PARENTAL CHILD ABDUCTION

実子誘拐ビジネスの闇

池田良子
Ikeda Yoshiko

飛鳥新社

はじめに

二〇二〇年十月一日、津地検が一人の男性を未成年者略取《りゃくしゅ》誘拐罪で起訴した。誘拐犯として起訴されたこの男性は、この子どもの父親である。実の父親が子どもの住んでいる場所を移動させたら、誘拐容疑で起訴されたのだ。

このような事件は、報道され気づくものだけでも、数カ月に一度は起きている。

二〇〇六年、小学生の一人娘を連れ戻そうとして未成年者略取の疑いで逮捕された父親は、懲役三年執行猶予五年の判決を受けた。驚くべきことに、この父親は元裁判官。雑誌の取材に対して、父親はこう答えている。

「私は元裁判官や弁護士である前に、ひとりの娘の父親です。愛する娘を奪われることは、私にとっていかなる理由があろうとも許しがたいことでした」

実の子どもを連れ去ったとして誘拐罪が適用されるのは、父親だけではない。

多くの母親も逮捕されている。

二〇〇九年九月十三日、「【親権問題】娘誘拐容疑で母と祖母逮捕」という見出しの記事が新聞に掲載。

〈佐賀県警は12日、別居中の娘（3）を保育園から連れ去ったとして、未成年者誘拐の疑いで、母親で無職の容疑者（43）と、祖母で無職の容疑者（76）を逮捕した。娘にけがはなかった。逮捕容疑は、12日午後1時10分ごろ、佐賀県内の保育園で別居中の娘に「絵本を見せてあげる」などと誘い、娘を養育している父親の許可なく容疑者の自宅まで連れ去った疑い。保育園の職員には「今日は父親は迎えに来られない」と話していた。武雄《たけお》署によると、2人は「なぜ逮捕されるのか、納得いかない」と供述しているという〉

また、二〇一一年一月二十七日には「『取り戻したい』母が娘連れ去り未遂容疑」という見出しの記事が掲載されている。

〈福岡県警粕屋《かすや》署は27日、離婚係争中の夫（43）から長女（4）を連れ去ろうとしたとして未成年者略取未遂の疑いで、母親のパート従業員（36）と祖母（63）の2人を逮捕した。粕屋署によると、容疑者と夫は別居しており、親権は未確定。夫が長女を育てており、両容疑者とも「取り戻したかった」と容疑を認めているという。2人の逮捕容疑は、昨年12月20日午後5時20分ごろ、福岡県宇美町《うみまち》の長女が通っている幼稚園の駐車場で、長女を乗用車に押し込み連れ去ろうとした疑い。居合わせた幼稚園の先生らが止め、長女にけがはなかった。夫が同日、粕屋署に被害届を出していた〉

別の記事では、「7歳男児誘拐でフィリピン国籍の女逮捕　離婚した夫との子供『誕生祝いしてあげたかった』」との見出し。母親が自分の子どもの「誕生祝い」をしてあげようとすると誘拐犯として逮捕するのが、日本という国なのである。

誰が、こんなとんでもない仕組みを作ったのか。

最高裁の裁判官らである。

「連れ去り」は無罪、「連れ戻し」は誘拐犯

二〇〇五年十二月六日の最高裁判決が、諸悪の根源と言われている。

この判決では「母親の監護下にある二歳の子どもを別居中の共同親権者である父親が連れ去った行為は略取行為に該当し、違法性も阻却《そきゃく》されない」とし、子どもの父親に未成年者略取誘拐罪を適用した。

それまで、夫婦の間で諍《いさか》いが起こった場合、子どもを果てしなくとりあうことが数多くあった。ある会社の社長は、幼少期、自分を取り戻そうと探し続ける父親から自分を奪い返されるのを恐れる母親により、転々と住居を変えさせられ、転校を何十回とさせられたと、涙ながらに語ってくれた。

そのような終わりのない子どもの奪い合いに終止符を打つという意味では、二〇〇五年

の最高裁判決は意味があるように見える。

しかし、この最高裁判決は、とんでもない結果を引き起こした。「実子誘拐」ビジネスという世界に例を見ない醜悪《しゅうあく》なビジネスを、この国に根付かせてしまったのだ。

どういうことか。

冒頭で紹介した記事を注意深く見てもらえばわかるが、この最高裁判決に基づき「未成年者略取誘拐罪」が適用されるのは、子どもと別居している親が同居している親から子どもを取り戻そうとする「連れ戻し」の時のみ、ということである。

言い換えれば、同居している親が子どもを連れて家を出る行為には、未成年者略取誘拐罪が適用されないということだ。そればかりか、裁判所は、「継続性の原則（別居した夫婦の間の子どもが、一定期間一方の親と同居し、安定した生活を送っている場合は、その現状維持が子どもの利益とみなす考え方）」に基づき、子どもを連れて家を出た親に親権を与える判決を下すのが常。しかし、このような原則は法律上どこにも規定がない。

裁判所が自分たちの都合で考案したルールであり、そんな不条理なルールが裁判所で堂々と使われているのである。

その結果、どうなったかと言えば「先に連れ去った者勝ち」という状況ができあがってしまった、ということだ。

同居中に、一方の親の同意なく子どもを連れて家を出ても、誘拐罪は適用されず逮捕されることもない。そして、一度家を出てしまえば「別居状態」を作ることができる。その後もう一方の親が子どもを連れ戻しに来た際に警察に通報すれば、警察が「誘拐犯」としてもう一方の親を逮捕してくれる。

上記の記事に出てくる逮捕・起訴された親は、まさにそのような形で自分の配偶者に先に子どもを奪われ、取り返そうとした親たちである。逮捕・起訴された親たちは、自分の配偶者がやったことと同じことをしただけだ。安定した生活を壊したという意味では、最初の連れ去りであっても同じだろう。むしろ、両方の親がいる状況から片親しかいない環境に突然移される方が、子どもの環境の「継続性」は損なわれる。しかも、親権者であるもう一方の親の同意を得ないばかりか、留守中を狙って奪いとるなど、悪質な形で子どもを奪い、連れ去っているケースが非常に多い。

にもかかわらず、〝最初に〟子どもを奪い、その後、子どもを実効的に支配し続けた親に親権という褒美を与え、〝二度目に〟子どもを奪い返そうとした親には未成年者略取誘拐罪という罰を与えるのが、いまの裁判所の運用なのである。あまりにもバランスを欠いている。

上記の記事のなかで、警察に逮捕された母親が「なぜ、逮捕されるのか納得いかない」

と言っているが、その気持ちはよくわかる。

元裁判官が、裁判所に訴えても娘が返ってくる見込みはないと考え、自力で娘を取り返そうとして逮捕される国に我々は住んでいるのである。

このような善悪がひっくり返った裁判運用を行っているのは日本くらいだ。

夫婦仲が悪くなった際に、配偶者を徹底的に排除して、自分だけで子どもを育てたいと考える身勝手な親は世界中にいる。そういう親は、国家が何の対策もしなければ子どもを連れ去ろうとする。そうすると、もう一方の親は、連れ去られた子どもを連れ戻そうと行動する。このように、制度が整備されていなければ果てしなく子どもの奪い合いが続くのは、別に日本固有の問題ではない。

実子誘拐を生む日本独自の仕組み

では、そのような子どもの奪い合いをさせないため、世界はどう制度を整備したのか。

〝最初の〟連れ去りから刑事罰を科すことにしたのである。

多くの先進国では、同居中のもう一方の親に無断で子どもを連れ去った親には重罰が科される。場合によっては親権も剝奪《はくだつ》される。「実子誘拐」などという子どもの利益を侵害する親は、親として不適格なのだから親権は剝奪されて当然との考えだ。

たとえば、アメリカでは罰金もしくは三年以下の禁固刑またはその併科、イギリスでは七年以下の拘禁《こうきん》刑、カナダでは十年以下の禁固刑、スペインでは二～四年の禁固刑及び四～十年の親権剝奪などとなっている。

このように〝最初の〟連れ去りから刑事罰を科すことにより、親が「実子誘拐」行為を行うことを抑止している。そうすることで「離婚する際には、離婚後の子どもの養育をどうするか夫婦同士でじっくり話し合い、取決めをすること」を促《うなが》しているのだ。

先進国においては、夫婦での話し合いの結果、離婚後に子どもと別居しても年間百日程度は子どもと会うよう取決めをするのが通常である。子どもの誕生日にどうするかもあらかじめ決めておく。子どもの誕生日を祝いたくて逮捕されるようなバカなことは当然おきない。

一方の日本は、先進国の仕組みとは真逆。離婚後の子どもの養育をどうするか、夫婦同士で話し合おうとした親は、話し合いを拒否し子どもを連れ去った親から子どもを取り戻そうとすれば、刑事罰を科され、あるいは、離婚裁判で負け、親権を剝奪され、人生を破滅させられるほどの不利益を被《こうむ》る。夫婦の関係と親子の関係をきちんと切り分けた上で、子どものことを最優先に考える立派な親を罰するのが、日本の裁判運用である。

かかるジレンマ状況において、最も合理的な行動は、自分の配偶者が子どもを誘拐する前に、自分が誘拐すること。そのような仕組みがいつの間にかできあがってしまったのだ。

つまり、構造上、子育て中のすべての親は「今日、家に帰ったら子どもがいなくなっているかもしれない」という不安を日々抱えて生きていかなくてはならない。また、その不安から逃れるために、子どもを誘拐したいとの気持ちを抱えながら生活することになるかもしれない。どちらかの親がその不安に耐え切れず「実子誘拐」を犯した瞬間、その家庭は崩壊する。よほどの奇跡でも起こらないかぎり、元の状態に戻ることはない。

最高裁裁判官が出した浅はかな判決のせいで、我々の家庭は、結婚し子どもができた瞬間から、極めて簡単に壊れうるものとなった。そして、この仕組みを利用し、「実子誘拐」ビジネスを考案したのが、いわゆる人権派弁護士らである。彼らは言葉巧みに夫婦の一方を唆《そそのか》し、「実子誘拐」をさせるのである――。

自分が築いた幸せな家庭が一瞬にして崩れるおそれがあることを、多くの人たちに知ってもらいたい。

もちろん、知ったところで、いまの仕組みのなかで、それを防ぐ方法はない。ともに子《こ》煩悩《ぼんのう》な夫婦の間に隙間風《すきまかぜ》が吹いた際、行きつく先は、自ら「実子誘拐」をして家庭を壊すか、自分の配偶者が「実子誘拐」をして家庭を壊すかの二つしかないのだから。

それ以外の選択肢を選びたいのであれば、最高裁裁判官らが作り上げた、この仕組み自体を壊すしかない。そのことに気づき、この仕組みを壊すために声をあげ闘ってほしい。それが筆者の願いであり、この本を世に出す趣旨である。

二〇二一年三月

ジャーナリスト　池田良子

実子誘拐ビジネスの闇　目次

第二章
父親への集団リンチと人格破壊

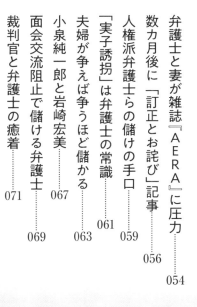

第三章 ハーグ条約を〝殺した〟人権派弁護士

第四章

「片親疎外」という児童洗脳

第五章

家族を壊す日弁連という危険分子

第六章

DVシェルターという名の拉致監禁施設

第七章

〝敵〟がたくらむ全体主義社会

第一章

世にもおそろしい実子誘拐の真実

「松戸判決」と呼ばれる離婚訴訟

人権派弁護士らの「実子誘拐」ビジネスを語るにあたり、決して外せない事件がある。「松戸判決」と呼ばれる判決で知られる離婚訴訟だ。その離婚訴訟に関連して刑事告訴がなされた。

二〇一七年十月十三日、産経新聞に「父親が母側支援者らを告訴～名誉毀損《きそん》罪、異例の展開」という見出しの記事が掲載された。その記事を読むことで、「松戸判決」とその刑事事件について概《おおむ》ね理解することができる。

〈長女（9）の親権をめぐる元夫婦間の訴訟で、「家庭内暴力（DV）をしていた」などと虚偽の事実を流布《るふ》されたとして、長女の父親が、母親側を支援した弁護士や女性団体役員らを名誉毀損罪で刑事告訴し9月末、警視庁に受理された。親権訴訟が刑事事件に発展するのは異例だ。同じ状況にいる多くの当事者らが、捜査の行方を注目している。

刑事告訴したのは、キャリア官僚の40代の男性。

裁判記録などによると、男性は平成18年、国際機関での勤務経験もある元妻と結婚し、翌19年に長女が生まれた。しかし不仲になり、元妻は22年5月、男性が仕事で不在のときに長女を連れて自宅を出て別居状態となった。男性は同年9月以降、長女と会っていないという。

その後、「不当な連れ去りであり、長女を返すべきだ」と主張する男性側と、「男性から（自分は）DVを受けており、子供を連れて逃げたのはやむを得なかった」とする元妻側の間で親権訴訟に発展した。

1審千葉家裁松戸支部で元妻側は「男性と長女の面会交流（筆者注：子どもと別居状態にある父母の一方が子どもと定期的に会うこと）は月1回程度」と主張。一方、男性側は「親権を得たら長女を年間100日程度、元妻と面会交流させる」と提案した。28年3月の1審判決は、男性側の提案を「長女は両親の愛情を多く受けられ、健全に成長できる」と評価し、男性を勝訴とした。また男性によるDVは「なかった」と認定した。

親権訴訟では、①成育環境が一変するのは子供に不利益との考えから、同居中の親を優先する「継続性の原則」②父親より母親が養育するのが望ましいとする「母親優先の原則」――などが重視される。

この1審判決は、従来の基準ではなく、より相手に有利な条件を提示した親を優先する欧米的な「寛容な親の原則（フレンドリーペアレントルール）」を日本で初適用した事例として注目を集めた。

しかし、控訴審の東京高裁は29年1月「面会交流の回数を過剰に評価すべきではない」

として、「継続性の原則」「母親優先の原則」を重視し、男性を逆転敗訴とした。ただ、DVについては、1審同様「なかった」と判断した。男性は上告したが同年7月、最高裁は上告を棄却した〉

人権派弁護士らの虎の尾を踏んだ父親

「松戸判決」と刑事告訴について、この記事に記載されている父親・卒田譲司さん（仮名）に取材した。

――記事を見ると、卒田さんの奥さん（当時）である美佳さん（仮名）を支援した弁護士や女性団体役員らが、「卒田はDVをしていた」などと虚偽の事実を流布したこと、それを理由に、卒田さんが彼らを名誉毀損で刑事告訴し、警視庁が受理したことが書いてあります。これらは事実ですか。

卒田　はい、私がDVを働いていたとの虚偽を彼らが流布した行為は刑法二百三十条に規定する名誉毀損罪に該当するということで告訴しました。警視庁は、この条文に規定する名誉毀損罪の構成要件に該当する行為があったことを認め、私の告訴を受理しました。

――そもそも、なぜ、彼らは卒田さんの名誉を毀損しようとしたのでしょうか。

卒田　私が告訴した人のなかには会ったこともなく、名前すら聞いたことがなかった人もいます。ですので、私がその人たちから、ここまで激しく攻撃される個人的理由はありません。考えられるのは、いわゆる「実子誘拐」ビジネスを生業《なりわい》とする人権派弁護士らの虎の尾を踏んだから、だと思います。

記事にあるように、私は、娘を元妻に不当に連れ去られました。

いわゆる「実子誘拐」の被害者です。「実子誘拐」ビジネスは、誘拐した親が離婚訴訟で親権をとれて初めて成立します。その大前提が崩れると、この「実子誘拐」ビジネスは継続できなくなります。そこで私を親権者とする家裁判決を覆《くつがえ》そうと、私を全面的に攻撃するようになったのでしょう。

なお、彼らは私を誹謗《ひぼう》中傷するだけでなく、大臣や政務官を利用し、人事担当者を呼びつけ「DV男の卒田を左遷しろ」などと圧力をかけました。

正々堂々と反論するならわかりますが、こういう卑怯《ひきょう》なやり方をとるのはどうかと思います。

——この記事に記載されている刑事告訴は、その後、どうなりましたか。

卒田　私が刑事告訴した弁護士や女性団体役員らは、警視庁から事情聴取され、検察庁に書類送検されました。

人権派と称される弁護士や女性団体役員の方たちは、一般的に正義の味方という印象がありますよね。だから彼らが「実子誘拐」やＤＶの捏造《ねつぞう》などの犯罪行為を行う悪者だと主張しても信用してもらえない。嘘だろう、と。しかし、警察は私の告訴状を受理し、彼らの〝悪事〟を認め、書類送検しました。これは彼らが明らかに主体的に悪いことをしていなければありえないことです。

「ＤＶ捏造」で弁護士らを書類送検

卒田さんは、冷静かつ力を込めて語った。

名誉毀損で警察が受理し、書類送検までいくのは異例である。しかも、名誉毀損の内容は「ＤＶ捏造」。筆者の知るかぎりこのような例はない。

警察は、名誉毀損の事実の裏づけをとるために、ロシアにいる産経新聞の記者に連絡をとるなど、極めて精力的に対応したという。

なぜロシアにまで連絡をする羽目《はめ》になったのか。それは、容疑者の一人である特定非営利活動法人「全国女性シェルターネット」理事の近藤恵子が、産経新聞紙上で卒田さんを「ＤＶ夫」と非難し、名誉を毀損した容疑を全面的に否認したからである。

近藤は、警察からの事情聴取に際し「産経新聞の取材を受けたことはない。勝手に名前を使われた。虚偽の記事だ。私は産経新聞の取材を受ければ必ず記憶しているはずだが、記憶にない。ということは、取材を受けていないということだ」と述べたという。

近藤は、刑事罰を免れようとその場しのぎの嘘をついたのだろう。

それにしても、あまりにも稚拙《ちせつ》な嘘である。こんな見え透《す》いた嘘が世の中で通用するのであれば、文字通り、「警察はいらない」。事情聴取をした警察官もこの嘘を見抜き、近藤が卒田さんを「DV夫」呼ばわりしたことは事実だと確信したのではないか。

警察をバカにするような近藤の供述を聞き「何がなんでも、こいつをあげてやろう」と警察の意気が揚がったのは想像に難くない。

警察は、卒田さんを通じ、特派員としてロシアにいる当該記者と接触し、近藤と記者とがやりとりしていた証拠を入手した。近藤は、卒田さんに対する「虚偽DV」の名誉毀損罪に加え、警察に対し嘘の供述をしたというおまけまでつくことになった。

しかし、警察の奮闘むなしく、検察はこの事件を不起訴処分とした。

「無罪になる可能性があるという前提での起訴はしない。裁判官の個々の価値観によって、どう転ぶかわからないものについて起訴するという判断はしない」ということらしい。

有罪か無罪かを決めているのは検察官

カルロス・ゴーン事件で、日本の刑事事件における有罪率の高さが九九%を超える点が一時話題になった。この点について、法務省はホームページに以下のように記載している。

「日本では、起訴するかどうかを検察官が判断します。最近の統計では、検察官が起訴する事件の割合は37％〈起訴人員÷（起訴人員＋不起訴人員）〉です。『99％を超える有罪率』という場合は、起訴された37％の事件が分母となっています」

検察官が起訴した事件の九九％が有罪になるということは、事実上、検察官が有罪か無罪かを決めているようなものである。不起訴の六三％のなかに犯罪者がまったくいないとは考えられない。犯罪被害者の多くは泣き寝入りである。

法務省が一九六七年に出版した『犯罪白書』には以下のような記載がある。

「諸外国の立法例をみても、わが国ほど大幅に起訴猶予処分を認めている法制は少ない。多くの国々は、起訴法定主義（犯罪の嫌疑が認められるときは、必ず起訴しなければならないとする制度）を採用しているが、起訴便宜主義を採用している国でも、起訴猶予処分の許される範囲は、ごく一部に限られている。……（日本の検察官が起訴猶予の権限行使を）濫《らん》用《よう》する結果となれば、国民の規範的意識を低下させて刑政にゆるみをきたし、被害者の不満や一般国民の不安を招くおそれもあり、また、それは、ひいては、裁判の機能を害し、その権威を失墜させることにもなりかねない」

法務省が半世紀以上前に指摘した問題は今なお解決していない。

今回の卒田さんの件は、警察が告訴状を受理し、事情聴取をし、証拠の裏づけを取った上で書類送検している。それだけの証拠があっても、検察の裁量で裁判の入り口にすら立たせてもらえないのだ。近藤らは、不起訴の決定を聞いて小躍りしたことだろう。

ただ、卒田さんは転んでもただでは起きない。民事事件として改めて訴えることにした。幸い、名誉毀損行為に対しては刑事事件として告訴することも、民事事件として訴えることも可能である。卒田さんに告訴された者は刑事罰に値するとして警察が書類送検までした者たち。そのような者たちが無罪放免となれば、彼らはまた同じ犯行を繰り返し、新たな犯罪被害者が生まれる。これ以上、彼らを野放しにするわけにはいかない。そう考え、民事訴訟を提起したのだと卒田さんは言う。その詳細は次章で取り上げる。

なお、近藤が記者の取材を受けたことを示す証拠のなかで、卒田さんが驚いたのが、卒田さんの元妻が記者に宛てたメールである。発信日は、二〇一七年一月二十四日。卒田さんに娘の親権を与えた一審の「松戸判決」が東京高裁で覆される二日前である。

送信日時：2017年1月24日
件名　松戸事件の件でお会いできると幸いです
産経新聞　織田（仮名）様

突然ご連絡を差し上げる失礼をお許しください。前田美佳（仮名）と申します。シェルターネット理事の近藤様より連絡先を教えて頂きました。松戸支部から出た離婚事件の当事者（妻）で、近藤さんには色々とお世話になっております。ご存じの通り、26日に高裁の判決が出ることとなり、私自身、娘、両親、31名の弁護団の先生方や娘を知る多くの方々、小児精神科医、研究者、メディア、本当に多くの方々が、控訴で勝訴することと信じてここまで頑張ってきました。この事件を担当されている各紙、朝日新聞、日経新聞、読売新聞、毎日新聞の記者の方々にはすべて直接お目にかかり、取材を受けました。織田様にだけまだお会いできていないことがとても気がかりで、是非、26日前にお会いできると幸いに存じます。

驚くべきことに、卒田さんの元妻は、産経新聞に自らを取材するよう「圧力」をかけるメールを出していたのである。「他の新聞はすべて自分への取材をしたのだから、産経新聞も取材しろ」と恫喝《どうかつ》するようなメールを見るかぎり、「狂暴な夫のＤＶに耐えかねて逃げ出した」気弱な女性のイメージはまったくない。

世間の抱く夫婦喧嘩のイメージとは随分と異なる。

「松戸判決」で五年も娘と会っていない父親に親権を与えた方がよいと裁判官が異例の判断をしたのは、フレンドリーペアレントルールを卒田さんが提案したからだ、と多くのメディアが報じてきたが、それだけではないのではないか。

我々が通常抱く夫婦の関係と卒田さんと元妻との関係は、少し異なる点があるのではないか。そう考え、結婚から別れまでの経緯を卒田さんに語ってもらった。

結婚式の祝儀を奪った義母と妻

卒田　妻（当時）とは二〇〇六年に結婚しました。二〇〇七年十二月に娘が産まれています。離婚を考えたのは、その半年前の六月のことです。つわりで実家に戻っていた妻と義母が、私の留守中を狙い家にあった結婚式の祝儀《しゅうぎ》百万円を奪っていきました。

発端は、私が妻に車の購入の話をしたことです。結婚する際、仕事を休職する妻に対し生活費はすべて出す代わりに、子どもができた時には、車だけは妻に買ってもらうようお願いしました。妻は海外勤務が長く危険地手当などのおかげで数千万円もの貯金があったからです。妻も結婚時それを受け入れていました。

そこで、実家にいる妻に電話し、百万円程度の中古車を買うことを提案しました。私がするると、妻に、「なんで私が払わなければいけないのか」とキレられました。私が「話が違う」と言ったところ電話は切られ、その次の日より、義母から職場に「金の亡者《もうじゃ》」「悪魔」

といった私を罵倒《ばとう》する電話がかかってくるようになりました。

義母の攻撃があまりにも激しく私は心労で倒れてしまいました。ある日、仕事を休み家で寝込んでいたところ、家のドアを開ける音が聞こえました。泥棒かと思いおそるおそる玄関を見たら、妻と義母が家に入ってくるところでした。そして、妻らは台所に行き「あった、あった」と叫び始めました。

結婚式でもらった祝儀をまとめて入れた紙袋が台所においてあったのですが、それを見つけたのです。私が「何をしているの？」と聞いたら、妻は「あ、いたの」と言い、そのまま義母と一緒に紙袋を抱えて実家に帰ってしまいました。

その日、私は離婚を決意しました。

夫婦の間で問題が生じた際、話し合いを通じて解決しようとせず、話し合いの対象を奪い取ったり、脅《おど》して黙らせることで解決しようとする人と夫婦を続けることは無理だと考えたからです。

しかし、妻のお腹のなかには自分の子どもがいて、その子どもを片親にしてはならないと思いました。特に、この妻と義母に囲まれて育ったら、子どもが壊されてしまう。

本当に苦渋《くじゅう》の選択でしたが、生まれてくる子どもが成人した暁《あかつき》には離婚しよう、それまでの二十年間はどんなに苦しくても離婚はするまいと決心したのです。

次の日に妻の実家まで行き、妻に家に戻ってくるようお願いしました。

妻の実家には、義父母と妻が待っていました。まず、義母が口を開き、

「昨日は少しはしたないことをしました」

と言いました。

自分の働いた行為について謝罪するのかと思って次の言葉を待っていたところ、

「美佳がもらった祝儀の金額分だけ、按分《あんぶん》して持ってくるべきでした」

あまりにも予想外の言葉に呆然《ぼうぜん》とする私に対し、義母のいつもの攻撃が始まりました。

「美佳を愛していると言え！」

「美佳に土下座してお詫びしろ！」

と散々罵倒され続けました。

サンドバッグ状態になっている私を見かねて、義母の横にいた義父が「そこまで言わなくても」と言うと、「あなたは黙ってなさい」とピシャリ。それ以降は義父も静かになってしまいました。

その時、かつて義父が義母を「安保の闘士」と讃えていたことを思い出しました。

安保闘争が盛んであった頃、早稲田大学に在籍していた彼女は火炎瓶を投げていたそうです。それまで、山岳ベース事件などで起きたリンチ殺人をどこか遠くに感じていました

が、義母を通じて当時「総括（自身の活動を振り返らせ反省・改善策を見出す思考法）」という名で何が行われていたのか、否が応でも理解させられました。

私の人生のなかで、あの時の恐怖にまさる恐怖はありません。

義母から激しい言葉を浴びせられ、ノックアウト寸前の私に対し妻から「これにサインをしなければ戻らない」と言って渡された紙には、五十万円をいますぐ妻の口座に振り込むこと、そして、銀行のキャッシュカードを妻に引き渡すことなどが書かれていました。

私は、その場から逃げて帰りたい気持ちを抑え、心のなかで「生まれてくる子どものためだ」と何度も言い聞かせ、承諾しました。

妻から「あなたはATM」と嘲笑

妻の要求をすべて受け入れることで、卒田さんの妻は家に戻ってきたという。

しかし、その代償として、卒田さんは自分名義のキャッシュカードを奪われ、自分の生活費も十分にまかなえない状況のなかで生活することを強《し》いられるようになった。現金が必要な際には、クレジットカードでキャッシングするような状態だったという。

一方、卒田さんの妻は卒田さんの銀行口座から好きなだけお金を利用することができるようになった。妻から「あなたはＡＴＭ」と嘲笑《ちょうしょう》されながらも、それに耐え続けなければならなかった。すべては子どものために――。

また、卒田さんは、妻の履歴書に空白期間があっては職場復帰が難しくなるだろうと考え、大学院の博士課程に通うことを提案し、彼女は大学院に通うことになった。彼女は、入学金や学費などを当然のごとく卒田さんの口座から引き出して振り込んだ。

以上のことは、後の裁判のなかで妻側も事実として認めている。

ただし、留守中を狙って奪った結婚式の祝儀は、百万円ではなく六十万円程度であり、卒田さんの主張は誤りであると反論している。また、大学院の入学金や学費などを卒田さんに返還する気もまったくないらしい。

なお、諍《いさか》いの発端となった車について、妻は妹夫婦から時価数十万円程度の中古車を譲り受けることを勝手に決めてしまった。卒田さんの好みとは真逆のオレンジ色の小型車だった。しかし、卒田さんは、もはやそれに抗議する気力もなかったという。

卒田さんの妻は、数千万円も貯金している自分の銀行口座には手をつけず、卒田さんの口座からお金を好きなだけ引き出して使っていた。卒田さんは妻から、それに対する感謝の言葉も、また、過去の行為に対するお詫びの言葉も一度も聞いたことがないそうである。

しかし、にわかに信じがたい。今時、そんな残酷な夫婦の形が存在し得るのだろうか。

そう伝えたところ、卒田さんから、義母に罵倒された翌週に義父から届いたというメールを渡された。そこには以下のように書いてあった。

譲司さん　この夜中にまで心痛をお察しいたします。正直、美佳は結婚不適格者のようなところがあり、謝らない点もご指摘の通りです。その母親はそれに輪をかけてそのようなことであるのも事実です。これまで、再三母親には言い聞かせておりますが、何せお察しの通り、耳を傾けるような姿勢ではありませんので手を焼いています。彼女の親友のような何人からも同様のアドバイスがなされているのですが、私の力及ばずで何ともなりません。先週の話のときにもちらっとは彼女をたしなめましたが、それで気持ちを変えるようなことは期待できません。……あまりことを性急に解決しようとしないで、少しずつ冷却期間を設けながらというのではどうでしょう。気分はとってもおさまらないとは思いますが、何かその方が良さそうな気がします。**義父より**

離婚へ向けての話し合い、そして

卒田さんは、その後の状況について話を続けた。

卒田　このような義父からのメールもあり、また、生まれてくる子どもを片親にするわけにはいかず、婚姻関係を継続しました。妻と義母の二人から、経済的にも精神的にも支配された状況は地獄のような日々でしたが、娘が生まれ、娘とのささやかながら幸せな日々が訪れて救われました。

激務のなかでも、何とか家事育児もこなす日々が数年間にわたり続きました。娘を夜寝かしつけた後、職場で突発的な事故が起こり、寝ている状態の娘を連れて職場にかけつけ対応したところ、娘が高熱を出してしまうといったこともありました。仕事と育児の両立は極めて難しいものでしたが、なんとか努力してやってきました。

もちろん、妻もまったくやっていなかったわけではなく、それなりに頑張っていたことは認めます。しかし、二〇一〇年、娘が妻に誘拐される前の数カ月間は、妻は大学院での研究で家を空けている期間が長く、私が家事や育児を大幅に担《にな》うようになっていました。保育園の保護者も私が登録されていました。

その年の五月一日、ゴールデンウィーク中に家に戻ってきていた妻が、急に娘を外国へ連れて行くと言い始め、朝から激しい口論となりました。屈辱的な生活を何年も耐えて離婚せずに来たのも、唯一、娘のためです。その娘を奪われては、私には何も残りません。

その口論のさなか、突然、妻が窓を開け外に向かって、

「助けてくださーい！　警察を呼んでくださーい！」

と叫び始めました。結局、警察官が二人家に来て、大騒動になりました。

私は、もう限界でした。

もはや結婚生活を続けるのは難しいと考え、その日の夜、離婚の話を持ちかけました。ただ、夫婦の切れ目を親子の切れ目にしてはならない。妻は私にとっては酷《ひど》い女性でも、娘にとっては大切な母親だからです。

そこで、私は妻に別れた後の娘の共同養育計画を示し、それを公正証書にすることを提案しました。

「私が娘を育てるから、君は海外で好きなだけ仕事をすればいい。もちろん、君が日本に戻ってきた時には自由に娘と交流してほしい。養育費も含めて、全部こちらが払う」

と言って書面を渡したところ、

「二週間考えさせて」

と妻。

その後の数日間、私たちはつかの間の平穏な時間を過ごしました。三人で喫茶店に行って和《なご》やかに過ごしたりしたんです。そのときの妻はいつもとは別人のように穏やかでした。私は、妻が私の提案について考えてくれているんだとばかり思っていました。

ところが、連休明けの五月六日、事態が動きます。

朝、私が娘を保育園へ連れて行き、夕方、保育園へ娘を迎えに行ったところ、娘がいなくなっていました。保育園の先生によると、妻が連れて行ったとのこと。家に帰り、私は驚くべき光景を目にしました。

妻や娘の持ち物がなくなっており、部屋がもぬけの殻になっていたんです。そして、妻が付き合っていた男性との仲睦《なかむつ》まじい写真の束だけが床に落ちていました――。

なぜ妻は娘を連れて出ていったのか

耳を疑う行為の数々。これは本当に「事実」なのだろうか。

妻側の弁護士が記者会見で配った資料には次のようなことが記されている。

「別居時に妻が長女を連れて行ったことはむしろ当然のこと」（長女の誕生以来ほぼ全面的に育児をしてきた子を同道させたことはごく自然な成り行きであると共に、必然である）

「夫の親権者としての不適格性。…子の健康状態や成長ぶりに無関心であり、かつ自身の意向に従わない者を激しく攻撃する特性がある。そのような性質が子供に向けられたら危険」

「結婚当初から、妻は夫の仕事の手助けをするなど夫をサポートしてきたが次第に両者の関係は難しくなっていった。その理由は、夫のＤＶ・抑圧・支配である。

①経済的ＤＶ（生活費を渡さない、妊婦健診の費用も支払われない）

②社会的隔離（復職妨害、親族との交流を阻害）
③精神的虐待、身体的ＤＶ（大声でどなる、罵倒する、人格否定や子供の前での怒号、どつく、食器を投げつける、ハサミを突きつけるなど）から４年後に別居」

卒田さんの主張とあまりにも食い違う。どういうことだろうか。そこで卒田さんにいくつか質問をぶつけてみた。

——なぜ美佳さんは娘を連れ去ったんでしょうか。

卒田　娘の親権を裁判で勝ちとるのに有利だからです。よく言われるように、子どもを奪った上で、もう一方の親と子どもとの関係を断つことに成功した親に対し、ほぼ一〇〇%、裁判所は親権を与えます。いわゆる「継続性の原則」です。こんな状況ですから、弁護士は当然のように「子どもを連れ去れ」と指導します。

——弁護士が当初から関与していたということですか。

卒田　間違いないと思います。

五月六日以降に妻の両親に連絡を取ると、「こちらには弁護士が二人ついている」と言って、対決姿勢をとられました。

結婚式の祝儀を妻らが奪っていった際には冷静に対応していた義父も、その時には完全に妻や義母の側に立ち、私に対し「弁護士が、あなたは国家公務員だからお金のとりっぱぐれがないと言って喜んでいましたよ」と言い、笑われました。

男性と妻が一緒にいる写真を置いていくことも弁護士の指導がなければやらなかったはずです。普通の人は、そのような挑発的な行動はとりません。しかし、裁判をするつもりなら別です。なぜなら、夫婦二人が協議できないほどの「高葛藤《こうかっとう》」状態であることが裁判をするにあたって必須だからです。最愛の娘を突然奪われた上に、こんなことをされれば私も激昂《げっこう》します。激しいメールだって妻に書きます。そうすると、妻側の弁護士は、そのメールを「夫の性格が攻撃的」である証拠として裁判所に提出できます。

半年後に妻が裁判所に提出したことでわかったのですが、実は警察沙汰になる前日の四月三十日、妻はわざわざ病院まで出かけ、秘かに「ストレス性腸炎」の診断書をもらっていました。ストレス性腸炎は申告すればすぐに診断書がもらえるため、裁判でDV被害を偽装する場合に使いやすいそうです。だけど一般の人はそんなこと知りませんよね。

口論中に突然、外に向かって、「助けてくださーい！　警察を呼んでくださーい！」と叫び始めたのも極めて不自然です。

妻の行動は、個々のものだけ見ると突飛《とっぴ》で不可解なのですが、それらの行動をつなぎ合わせると、「長年DVを受け夫に支配されていた妻が、娘を連れて必死に逃げた」というストーリーを支える状況証拠として、意味を持つようになっているのです。不可解な一連の謎の行動の意味が、その半年後に裁判所に提出される書面で明かされるという見事な仕掛けを妻一人が考えたとはさすがに考えにくい。

こうしたことを総合すると、遅くとも四月半ばまでに妻が弁護士と打ち合わせて、いつ娘を連れ去るのか、そのXデーについて話し合ったんでしょう。連休明けの平日最初の日である五月六日なら、私は出勤し娘と離れます。だからXデーはその日がいい。そうして五月六日をXデーとし、その日までは、私を油断させておきつつ、DV被害を主張するために私に隠れて診断書を準備するなどして過ごしたのだと思います。

——長女を連れて行ったことは当然と記されていますが、実際のところ、子どもの成長ぶりに無関心だったんですか。

卒田　ご飯を食べさせるのも絵本を読むのも、寝かしつけも、ほぼ私がやっていました。だから、親権者としての不適格性という意味では当てはまりませんし、そもそも娘を連れて行く必要はなかったんです。

私は、裁判所に日記も提出しました。そこには、私が家事や育児に奮闘していたことがきちんと書いてあります。どれだけ娘のことを考えて生活していたか、逆に、妻がそのようなことを考えず身勝手な行動をしていたか、赤裸々《せきらら》に綴《つづ》っています。

もちろん、その日記がすべて虚偽である可能性もゼロではないですが、数カ月分の日記の内容をすべて矛盾なく記載することは、事実上不可能です。

私が日記をつけていたことは、多分、妻も知らなかったはずで、妻側の弁護士らにとって、この事実は誤算であったと思います。この日記のおかげで、妻側の主張が「壮大な嘘」であることを離婚訴訟で明らかにできました。

——DVはあったんですか。

卒田　「娘を海外に連れていき仕事中はメイドに預けておく」と平然と言う妻を激しく叱《しっ》責《せき》したことは認めます。「娘は君のペットじゃない！」と。しかしあくまでも夫婦ゲンカであってDVの事実はありません。二〇一〇年五月一日、本当にDVを受けていて、身の危険を感じていたのなら、なぜその日のうちにシェルターや実家へ逃げなかったのでしょうか。二日後に三人で仲よく喫茶店に行ったのはなぜでしょう。この点について、離婚訴訟の本人尋問で裁判官自ら妻に確認し、妻も喫茶店に行ったことを認めています。裁判官も、これで妻のDVの主張が虚偽であることの確信をもったはずです。

子どもと会えなくするあくどい手口

——ところで卒田さん、別居後、一度も娘さんに会っていないんですか。

卒田　直後は数時間ずつですが、数回にわたって会っていました。しかしそれ以降は会えていません。最初のほうだけ別居親に会わせた後、引き離していくという彼らの手口に乗せられてしまったんです。

――手口とはどんなものですか。

卒田　面会交流に積極的であるというイメージを保ちつつ、様々な理由をつけて、徐々にその回数を減らしていき最後はまったく会わせなくするという手口です。

私と同様に子どもを妻に誘拐された男性が裁判所に提出したメールがあります。彼の妻の弁護士から妻宛てのメールなのですが、

《(面会交流に)「努力している」「協力している」という姿勢を示し、それでもダメだから回数を減らしましょうとか、止めましょうという方向に進めて行ければと思っています。……裁判所はどうしても、手続きである以上は、それなりの形作りをしたがるものですから》と書いてあります。

岡本珠亀子《しゅきこ》という弁護士が書いている「離婚の花道」というブログには、《子どもとの面会交流に柔軟に対応する意思を示していること、これが親権者(監護者)の指定の一要素とする判決があり、面会交流を頑《かたく》なに拒否する親は、親権者(監護者)として不適格だと裁判官に判断されかねない》と書かれています。

また、《もしあなたが親権者や監護者の争いにおいて有利になりたいというのであれば、本心がどうであれ、面接交渉（面会交流）を積極的に認めるという姿勢をアピールしたほうが良いです》と子どもを連れ去った親に向けてアドバイスもしています。

妻らが、裁判時に「月一回の面会交流」を提案してきたのも同様です。娘を私に会わせる気などまったくありませんが、「本心がどうであれ」面会交流を積極的に認める姿勢を見せること、「それなりの形作り」が重要なのです。

こういう姑息《こそく》なやり方も弁護士の指導がなければ思いつきません。

——卒田さんに対して、美佳さんは、何を理由に娘さんと会わせないと言ってきたのですか。

卒田　ＤＶです。ＤＶというのは、本当に便利で、親権を奪うためには最強のツールなのです。具体的にどのような主張をしていたのかは、妻と義母が送ってきたメールを見てもらえればわかってもらえると思います。

そう言って、見せてくれたのが卒田さんに美佳さんから送られた以下のメールである。

送信日時：2010年8月12日
譲司へ
8月14日の件につき、こちらが面会を承諾できない理由について、少し言葉が足りなかったかもしれません。理由をきちんと説明しないことは不誠実にも思えるので、以下、母が書いたメモをお送りします。本人同士のやりとりは、どうしても感情的になってしまうので、下記メモを送る次第です。
ちなみにDV（身体的暴力と心理的暴力の両方を含みます）の加害者に共通する特徴は、自身が加害者であるという自覚がまったくないこと、すぐに責任を転嫁する事にあるようです。

義母が書いたメモは次のような内容だった。

2010年8月12日　前田明子（義母・仮名）
譲司さん
8月14日（土）の午後、こちらに来られるそうですが、真理ちゃん（娘・仮名）は行きません。待てど暮らせど来ぬ人を待つような自虐行為はおやめになるよう忠告します。行かない理由は、二つ。家裁の調停の場で、面会交流の取り決めがなされるまでは面会は中止という、美佳が2

回ぐらいお伝えしている理由が一つ。もう一つは、私も譲司さんにはもう関わりたくない、従って面会交流には同行できない、かといって美佳を単独で行かせるわけにはいかない、ということです。

ご参考までに我々から見た、譲司さんの現在の問題点を述べておきます。

⑴ＤＶ夫の一般的な特徴として、譲司さんに美佳に対する抑圧・支配の自覚と反省がない。ここが問題の根源です。あの最近の、のほほ～んとした意味不明メールは、いったい何ですか⁇問題点の客観的事実認識がない限り、譲司さんの人間的成長はありません。一人では自覚できないＤＶ男たちのために、カウンセリング、更正プログラムが用意されているようですから、ぜひその支援をうけることをお勧めします。

⑵認知的、心理的問題点を抱える人の特徴は、自分の内面と外の世界を適切につなぐことができない、ということがあります。譲司さんは自己愛・幼児性という小さな自己宇宙カプセルの中に閉じこもり、「真理ちゃ～ん」と叫んでいますね。真理ちゃんを愛しているというより、真理ちゃんに愛されたいのですね？

⑶前回、譲司さんと真理の交流を観察していて、この溺愛型《できあい》は非常に危険である、と私は思いました。この溺愛は、やがて真理ちゃんが自我をもった人間に成長するにつれ、支配、抑圧に変わってくる可能性があります。

(4)譲司さんは、DV夫の特性として妻子は自分の所有物と考えていますね？　妻が所有できないなら、せめて真理を…というのが、譲司さんの現在の願いなのでしょうか。真理は女の子だし、そんな危険な父親に真理をゆだねるわけには行きません。こちらが前に提案した公正証書案には、面会交流に関し、宿泊つきの寛大な提案を致しましたが、その後の譲司さんの言動、そういう譲司さんを育《はぐく》んだご家庭の環境を考えると、あの案も撤回せざるを得ないかもしれません。

(5)美佳が譲司さんの家を出てからの美佳への譲司さんのメールを整理、分析してみました。メールの厚さは1センチ以上、私たちへの誹謗、中傷をのぞくと、そのほとんどすべての内容が真理ちゃんに関するものです。結婚生活への謝罪、反省、改善にかんするコメントは見られません。これもかなり、譲司さんの偏《かたよ》った性格を表している、と見ることができると思います。

(注)念のため内閣府のホームページに記載されている「配偶者暴力防止法」における「暴力」の定義を引用しておきます。参考にしてください。

「暴力」は、身体に対する暴力又はこれに準ずる心身に有害な影響を及ぼす言動を指します。

以上です。お返事は無用です。

義母と妻、異常なまでの「母子密着」

――メールを見るかぎり、どこがDVなのか、何が会わせない理由なのかよくわかりません。それにしても、義母の明子さんは強烈ですね。

卒田　はい。義母は、我々の家庭を自分の物のように考えて当たり前のように介入してきました。「寛大な面会交流案を撤回せざるを得ないかもしれません」と書いている一文を見るだけでも、それはわかってもらえると思います。なぜ、私と娘との交流のやり方を義理の母に決めていただかなければならないのでしょう。

娘が生まれた日、義母が病院に来て私に投げた第一声は、

「本日は、美佳の娘の誕生におつきあいいただき有難うございます」でした。

こういう言葉を常に私にぶつけてきました。

妻との結婚以来、この義母から自分の家族を守るため私は闘い続けなければなりませんでした。しかし、残念なことに妻は義母の完全なコントロール下にあったため、自分の家族を守ることはできませんでした。妻と義母はいわゆる母子密着の状態にあり、私が義母から自分の家庭を守ろうと対峙《たいじ》すると、私の背中を妻が刺すのです。

義母のこんな酷いメモを何の疑問も持たずに私に送ってくる妻の行動からも、異常なまでの「母子密着」が理解してもらえるのではないでしょうか。

「抑圧・支配」していたのは誰なのか。

「暴力」を振るっていたのは誰なのか。

このメールを読めばわかってもらえると思います。私がそう言うと、「自覚がない！反省しろ！」と妻や義母からまた「総括」を要求されそうですが……。

義母から一方的に罵倒する電話が職場に頻繁にかかってきたらどうですか？

私がなぜ心労で倒れたか、理解してもらえると思います。また、実の娘と妻を「結婚不適格者」と呼ぶ義父の言葉は決して誇張でないこともわかってもらえるでしょう。

妻と義母は娘を誘拐した後、私の母親に電話をし、

「あなたも女性だから、こちらの味方でしょ？」

などと言ってきたそうです。

人として大切な何かが完全に欠落しています。娘の母や祖母でなければ、二度と関わりたくない人たちです。

とはいえ、妻を伴侶に選んだ私にも非があります。妻と付き合い始めた当初、私と二人で会いたいと言って義母が登場した時点で、この親子の異常な関係に気づくべきでした。ですから、私が妻と義母からこのような苛烈《かれつ》な暴力を受けるのは自業自得と言えなくもありません。

しかし、娘に罪はない。この母と祖母の下《もと》で育てば、私の娘はおかしくなります。もう一人革命戦士ができてしまう。それだけは何としてでも阻止しなければと考えました。

もちろん、私はどう頑張っても娘の母親にはなれませんし、私だけで育てるつもりもありませんでした。その考えはいまも変わっていません。娘を妻と義母にもきちんと会わせることは必要です。両方の親と祖父母から愛されていると実感して育つことは子どもにとって非常に重要だからです。妻が娘にとって良い母親かそうでないかは、娘が大きくなり振り返ってみて自分で評価すべきものであり、私が、妻を評価して会わせるかどうかを勝手に決めてよいものではありません。

私にとって、妻や義母だった人たちと接触することは恐怖でしかない。しかし、そのような恐怖は私の感情であり、娘の感情は別です。自分が関わりたくないからという理由で、娘が妻らと会う機会を奪うことは親として絶対にしてはいけないと考えています。

娘にとって、居場所が複数あることも重要です。悲惨な児童虐待のケースを見れば明らかですが、子どもにとって自分の逃げ場があることが大切です。自分が頼れる実の親が一人しかいなければ、逃げ場はない。唯一となった親にどんなに理不尽なことを言われようが、やられようが耐えるしかありません。

そればかりか、その親に気に入られようと、過剰に「いい子」になってしまう。そんな環境で娘が健全に育つとは思えません。親と喧嘩した際に「お父さんなんか大嫌い」「お母さんなんていらない」と躊躇《ちゅうちょ》なく言える環境が必要です。

そうやって、両方の親の間をうまく立ち回りながら、子どもは成長していくものだと思います。このような考え方は、私が一貫して持ち続け、妻や義母にも訴えてきたことです。しかし、先のメールの文面を見てもらえれば明らかなとおり、決して、そのような私の考えを理解してもらえる人たちではありませんでした。

泣き叫ぶ娘「パパ、手を握ってて」

——そのメールをもらった後に、娘さんに会うことができましたか。

卒田　一度だけ会うことができました。二〇一〇年の九月末です。九月八日、二歳半の娘が私から離れたくないと泣き叫ぶ映像が、ＮＨＫ『クローズアップ現代』の「親と子が会えない～増える離婚家庭のトラブル～」という番組のなかで流れました。

それを見た妻らがメールを寄こし、「我々は、面会交流に消極的ではない」証拠として急遽、娘に会わせると言ってきたのです。

裁判で不利にならないよう早急に手を打つことにしたのでしょう。ただ、一回会わせた後、弁護士らと相談し、この言いわけでいけると考えたのか、「子どもを晒《さら》しものにした」と急に言い始め一切会わせなくしました。

「子どもを晒しものにした」という理由について、後に離婚訴訟の本人尋問で、裁判官が妻に対し、「その映像には子どもの顔は出ていたのですか」「どれくらいの時間、その映像は流れていたのですか」と質問しました。

「顔はモザイクがかかった状態で数秒程度流れた。娘の知り合いであれば、娘だとわかるかもしれない」と妻が答えたところ、裁判官に「それは、子どもを晒しものにしたことになるのですか」と言われ、黙ってしまいました。

妻らの主張は言い掛かりに近いものばかりですが、このような理不尽な理由で、私と娘との関係は完全に断絶させられてしまったのです。

このＮＨＫで放映された、娘が「パパ」と泣き叫ぶ映像は、その年の七月に娘に会った際、私が撮影したものです。娘は「パパ、手を握ってて」と言って強い力で必死に私の手をつかんでいました。私がその娘の手を義母に脅され、離さざるを得なくなり、義母の車に娘が押し込まれた直後の映像です。

義母は、娘が「パパ」と泣き叫んでいるなか（私が車のなかの娘から離れないでいることを知りながら）、車を思いきりバックさせ、それから急発進しました。私は危うく義母に轢《ひ》かれるところでした。

義母のこれらの非道な仕打ちを許すことができず、私は、携帯でその様子を撮影しました。親子の引き離しをテーマに番組を制作していたＮＨＫのプロデューサーにその映像を見せたところ、「ぜひ、使わせてほしい」ということになったのです。
この映像を見れば明らかですが、義母がやったことは、犯罪かどうかという以前に、人として決して許されるものではありません。

あれから十年、娘は中学生になった

――最後に会った時から、すでに十年が経過しています。子どもを奪われた親は取り戻そうと頑張りますが、通常、数年で諦めてしまいます。卒田さんが、諦めずに取り戻そうと活動しているのはなぜでしょうか。

卒田　娘と約束したからです。「パパ、手を握ってて」と言う娘に対し、私は、「必ず迎えに行くからね」「もう少し待っててね」と約束しました。その時の約束を娘は忘れているかもしれません。しかし、私は絶対にその約束を守らなければならない。それは父親としての義務だからです。

二歳半で引き離された娘は、もう中学生。街の中ですれ違っても、娘とはわからないでしょう。しかし、だからといって娘が私の娘であることは変わらない。一生、それは変わらないのです。私は、娘との約束を果たすまで、娘を取り戻すことを決して諦めません。
これは私と娘のためだけにやっているわけではありません。毎年、十万人以上の子どもが片親から引き離されており、子どもの祖父母、親族まで含めれば膨大な数の人々の絆《きずな》が無理やり断ち切られているのです。

子どもを配偶者に誘拐され会えなくなり、自殺する親も数多くいます。正確な調査がないのでわかりませんが、毎年百人以上、亡くなっているのではないでしょうか。

つい数日前にも、子どもを夫に誘拐された母親が自殺したと聞きました。

私の高裁の判決結果を聞き、悲観して亡くなった親もいると聞いています。

私は、その多くの亡くなられた親と親を失った子どもたちのためにも、どんな状況になろうと親子の絆が断ち切られない社会を実現しなければならないと考えています。

だから、諦めるわけにはいかないのです。

第二章

父親への集団リンチと人格破壊

弁護士と妻が雑誌『AERA』に圧力

娘との約束を果たすことを誓った卒田さん。

その約束を果たそうとする一介の父親に対し、予想もしないところから多数の人々が容赦なく襲い掛かってきた——。

——産経新聞の記事（18項）の最後には「男性は刑事告訴した意図について、『親権争いをビジネスにしている勢力が一部におり、その意味では元妻も被害者だ。DV冤罪《えんざい》の問題を社会に問いたい』と話している」と記載されています。「親権争いをビジネスにしている勢力」とは、具体的にどのような人たちでしょうか。

卒田　それは、私が離婚訴訟に関連し「妻に暴力をふるうDV夫に仕立て上げられ、名誉を傷つけられた」として民事で訴えた三十九人を見ていただければわかります。

被告には、元裁判官を含む弁護士らのほか、特定非営利活動法人（NPO法人）代表、大学教授、朝日新聞論壇委員（当時）などがいます。

彼らは、職業も所属する組織も様々であり、一見、それぞれ何も関係なさそうに見える人たちです。しかし、訴状に書きましたが「被告らに共通する点は、欧米諸国では誘拐罪が適用される犯罪行為である親による子の連れ去りや国連児童の権利条約に明確に違反する親子の引き離し行為に関与し、当該行為が引き続き日本で行えることを願う者ら」だということです。

――この集団の名誉毀損行為に、美佳さんも関与しているのでしょうか。

卒田　はい、私はそう考えています。産経新聞記者へ圧力をかけるなどの行為を行っていたことはすでにお話ししたとおりです。

　それだけではありません。離婚訴訟の高裁判決が出る直前の二〇一七年一月十八日、「共同養育支援議員連盟（旧親子断絶防止議員連盟）」の会長である自民党の馳浩《はせひろし》元文部科学大臣のところに、離婚訴訟の妻側弁護士の一人である清田《きよた》乃り子と一緒に訪問したことが馳議員のホームページに記録されています。ちなみに、清田は、私が名誉毀損で刑事告訴し、現在、民事で訴えている人物です。

　さらに、離婚訴訟後も、妻側弁護士の齋藤秀樹、蒲田孝代《かまだたかよ》、萩原得誉《はぎはらのりやす》とともに、産経新聞の記者に「訂正記事を書け！」と日弁連の弁護士会館に呼びつけた証拠もあります。この弁護士らも、私が名誉毀損で刑事告訴し、現在、民事で訴えている人たちです。

　まだあります。朝日新聞系列の雑誌『ＡＥＲＡ』が二〇一八年一月二十九日号に「まだまだ遠い　男性の『親権』取得　子と引き離される『元夫』の苦悩」というタイトルで、私の離婚訴訟を扱った記事を掲載した際には、上記弁護士らとともに『ＡＥＲＡ』に圧力を

かけ、「訂正とお詫び記事を書け！　そうしないと裁判をするぞ！」と脅《おど》したと聞いていま
す。

数カ月後に「訂正とお詫び」記事

――美佳さんと弁護士が、スラップ（言論の封圧や威嚇《いかく》を目的として行われる訴訟の形態の一つ）をちらつかせ記事の修正をせまったということですね。言論の自由を明らかに侵害していますが、まさか、『AERA』はそんな無茶な要求に応じたりはしていませんよね。

卒田　残念ながら応じてしまいました。

当時の『AERA』編集長と副編集長が「どうしても『訂正とお詫び』記事を書かせてほしい」と私に懇願してきました。

私は、「訂正するような本質的な誤りはないはず。担当記者の方はすべて裏をとり、客観的証拠に基づき記事を書いている。編集長も記事の内容を精査した上で掲載を許可したはずだ。にもかかわらず、元妻や弁護士らに圧力をかけられて『誤報を流してごめんなさい』と嘘の記事を書くことは、報道機関として自殺行為ではないか。朝日新聞は、財務省の理財局が安倍総理の意向を『忖度《そんたく》』し文書を改竄《かいざん》したと政府を攻撃しているが、あなたたちがやろうとしていることこそ、ある意味、文書改竄ではないか」と激しく抗議しまし

た。

しかし、編集長と副編集長は、「訂正とお詫び」を書かせてくれの一点張り。何時間も議論しわかったのは、彼らに「書かない」という選択肢はないということでした。

朝日新聞の上層部から強い圧力がかかったということでしょう。

私が現在名誉毀損で訴えている相手には、当時、朝日新聞論壇委員であった赤石千衣子《あかいしちえこ》や木村草太がいます。その赤石や木村を論壇委員にした人間が朝日新聞の上層部にいます。そのルートを利用したのだと推測しました。

そこで、私も、編集長と副編集長を板挟みで困らせてはいけないと思い、「訂正とお詫び」記事を書くことを黙認することにしました。そもそも、彼らが記事を書くことを止める権利は私にはありません。

結果、数カ月後に「訂正とお詫び」記事が『ＡＥＲＡ』に掲載されましたが、内容を見ても、訂正すべき大きな問題は何もなく、また、何をお詫びしているのか、まったく不明の記事でした。

この記事が掲載された直後、千田有紀《せんだゆき》という、私が名誉毀損で刑事告訴し、現在、民事で訴えている女性がツイッターで、

《朝日新聞、親子断絶防止法推進派に優しいのは、社の方針なんですかね？他の案件での

社のスタンス考えると不思議です。今週のアエラは、松戸100日面会訴訟記事で妻の取材もせず、事実誤認が相当あったと、詫びと訂正文が載ってて、読み応えありでした》と高らかに勝利宣言をしています。

ちなみに、先ほど話した、元妻が産経新聞の記者に宛てたメールには、《織田（仮名）様がロシアに異動されると千田（有紀）先生から伺いました。是非ご出発前にお会いできれば幸いです。弁護士の齋藤（秀樹）先生と一緒に参ります》との記載もあります。

これら一連の動きから、元妻と千田、さらには元妻の代理人としてついた弁護士の齋藤らが共謀し、メディアを通じ世論を操作しようとしている姿がくっきりと浮かび上がってきます。

——卒田さんの言う「親権争いをビジネスにしている勢力」と美佳さんが連携して動いていることはよくわかりました。では、なぜ今回、美佳さんを民事訴訟の対象にしなかったのですか。

卒田　私は、元妻も「親権争いをビジネスにしている勢力」にいいように利用されているだけだと考えています。彼女もある意味被害者です。また、名誉毀損で母親を訴える父親の姿を見たら娘は悲しむでしょう。これ以上、娘を傷つけたくはない。

もう一つ理由があります。

娘との約束を果たすため、これから親権者変更を裁判所に申し立てるとともに、年間最大百日程度の面会交流を再度提案する予定です。事実上の共同養育です。過去にどのようなことが我々元夫婦の間にあったにせよ、娘の幸せのためにも水に流して協力しあう必要がある。元妻も気持ちを切り替えてほしい。そう思い名誉毀損で訴えないことにしたのです。

人権派弁護士らの儲けの手口

卒田さんが主張する「親権争いをビジネスにしている勢力」の中心にいるのが、いわゆる人権派弁護士である。卒田さんに対する名誉毀損の民事訴訟において、三十九人いる被告のうち、実に三十二人が弁護士だ。では、一般に「実子誘拐」ビジネスとも呼ばれる「親権争いビジネス」とは、どういうものなのだろうか。

弁護士の世界で、「実子誘拐」ビジネスは、「第二のクレサラ」特需と言われているという。「クレサラ」とは「クレジット会社とサラ金業者」の略称で、これらの貸金業者からの借入れによって生ずる借金返済の問題が「クレサラ問題」だ。

貸金業者が利息制限法を超える「グレーゾーン金利」で取っていた過払い利息の返還請求は、二〇〇六年一月十三日の最高裁判決を機に急増した。消費者金融大手四社の二〇〇六年四月から二〇〇九年三月までの利息返還額などの合計は約一・四兆円に達し、司法界に「特需」が発生したと言われる。

弁護士にとって、この利息返還により回収した額の二割程度が報酬となるため、大きな収入源となっていた。しかし、最近は時効で請求権が消滅する借金が増え、返還額は減少しているという。

この「特需」に翳《かげ》りがみられるいま、新しい「特需」を求めて弁護士らが押し寄せているのが、「実子誘拐」ビジネスの分野である。「実子誘拐」ビジネスとはどのようなものか、それを知るためには弁護士の報酬体系を見るのが一番手っ取り早い。

たとえば、「費用は『成功報酬』月々の養育費からお支払い」を謳《うた》う弁護士のホームページには、報酬は「元夫側から振り込まれる毎月の養育費の30%を支払うだけでOK」と記載されている。「この先10年、20年と元夫への養育費の請求を続けながら、お母さんと子どもの安全もしっかり確保しますのでご安心ください」との記載からも明らかなとおり、子どもが大学を卒業するまで養育費の三割をピンハネする前提だ。

もし、この弁護士が離婚訴訟で元夫の親権を剝奪《はくだつ》し、二歳の子どもに対し月二十万円の養育費を支払わせる判決を勝ち取れば、子どもが二十二歳で大学を卒業するまでの二十年間分、つまり、一千四百四十万円がこの弁護士の懐に入る。

「実子誘拐」は弁護士の常識

では、元夫から子どもの親権を剝奪するためにはどうしたらよいのか。

裁判官は、前述のとおり「継続性の原則」に基づき、最初に「実子誘拐」をした親に親権を与える判決を下すのが常である。そこで、弁護士は、親権を確実に奪うために、離婚を考えている親に対し「実子誘拐」を勧め、方法を指南するのである。ある女性誌で弁護士は次のように述べている。

「親権争いは最初の対応が肝心。家を出る場合は必ず子供を連れて出ること」

日弁連法務研究財団発行の本には、

「実務家である弁護士にとって、親権をめぐる争いのある離婚事件で、常識といってよい認識がある。それは、親権者の指定を受けようとすれば、まず、子どもを依頼者のもとに確保するということである」と記載されている。

日弁連の財団が「実子誘拐の教唆幇助《きょうさほうじょ》」は、「弁護士の常識」と認めているのだ。

「実子誘拐」を依頼人に教唆し成功すれば、子どもを奪い返されるおそれはない。もう一方の親が子どもを連れ戻しにくれば、二〇〇五年の最高裁判決を利用し、誘拐犯として警察に逮捕させればよい。

多くの場合、子どもを連れ去られた親も連れ戻そうとすれば逮捕されることを弁護士などから聞き知っている。だから、子どもを連れ去られた親は動きたくても動けない。裁判手続きに乗らざるを得ない。そうなれば、家族解体は時間の問題。「実子誘拐」を教唆した弁護士は、あとはいつもどおり「継続性の原則」が適用されるよう、じっくりと時間をかけて料理すればよい。

ただし、「実子誘拐」だけでは親権をとれない可能性もわずかながら残る。裁判官のなかには正常な感覚を有する者も稀《まれ》におり、「実子誘拐」をした親に親権を与えない判決を出す可能性がある。

それを防ぎ親権を確実に奪うためには、徹底的に相手を親として不適格であるよう仕立て上げなければならない。そこで、弁護士は、「実子誘拐」に手を染めた母親に対し、夫がDVをしたと虚偽の被害を主張させたりする（父親が「実子誘拐」をする場合、DVを受けていたというのは説得力に欠けるので、妻が児童虐待をしていたと主張させる）。

そして、めでたく夫から親権を奪うことができれば、前述のような報酬体系に基づき養育費の何割かが弁護士の懐に飛び込んでくるのである。

弁護士らは、表では子どもの貧困の悲惨さを訴えつつ、裏ではその貧困を防ぐための養育費をかすめ取っているのだ。

ちなみに、上記の弁護士のホームページには、「大丈夫！　弁護士があなたに代わって養育費を回収するので、元配偶者に会う必要はありません」と書いてある。

逆に言えば、元配偶者に会えるような関係に母親があれば、弁護士は三〇％もの金をピンハネできなくなる。弁護士にとって、元夫婦を二度と会えないほどの「高葛藤《こうかっとう》」な状態にしておくのがなぜ重要か、その「高葛藤」状態をつくりだすために、「実子誘拐」やＤＶの捏造《ねつぞう》を母親にさせることがどれほど重要か、「実子誘拐」のビジネスモデルを見るとよくわかる。

夫婦が争えば争うほど儲かる

弁護士は、養育費の上前《うわまえ》を撥《は》ねる以外にもさまざまな形で報酬を得ている。

明朗会計を謳う別の弁護士事務所のホームページを見ると、以下のような弁護士報酬体系になっている。

監護者指定に向けての交渉・調停・審判の着手金として三十万円（交渉は五回まで。調停・審判は三回まで。それ以降は追加料金）。離婚訴訟に入ると、別途着手金三十万円。報酬金として、調停で終了した場合は二十万円、裁判までいった場合は三十万円。離婚を達成したら十万円。親権を獲得したら十万円などとなっている。

つまり、この弁護士事務所に依頼し、離婚訴訟で子どもの親権を配偶者から奪った親は、最低でも、百十万円を支払わなければならない。これに、養育費のほか、慰謝料、財産分与、婚姻費用などを得た場合に、その数割が成功報酬として追加される。事務手数料などは、もちろん、別途請求される。DVに基づく慰謝料請求も、仮に虚偽だろうと裁判所で認定されれば、その数割が弁護士事務所の成功報酬になる。それが嘘だとばれても何のペナルティもない。とにかくでっち上げておいて損はないのである。

繰り返しになるが、この報酬体系から明らかなように、弁護士としては、夫婦の間で「高葛藤」になって徹底的に争ってもらわないと儲からない。夫婦の間で、離婚に伴い二人で話し合ってまとまってしまうと困るのである。ましてや、「夫婦で話し合った結果、やはり離婚をするのを止めました」などと言われるのが最悪のケースだ。

しかし、現時点では、元の鞘《さや》に収まるケースが多少出ても問題はない。次から次へとお客がやってくるからだ。

先ほど、「特需」と言ったが、「実子誘拐」ビジネスには追い風が吹いている。

結婚件数を離婚件数で割って計算される「離婚率」は、この半世紀で急激に上がっている。一九六五年に八・一%であった離婚率は、二〇一八年においては三五・五%にまで上昇。極めて単純に言えば、およそ三組に一組が離婚する事態に陥《おちい》っている。日本の家族制度は、根底から崩れてきているのだ。

未成年者のいる夫婦の離婚件数も増えている。一九六五年、未成年の子どもがいる夫婦の離婚件数は四万五千件、親の離婚を経験した子どもは七万四千人だったが、二〇一七年には、それぞれ十二万三千件、二十一万四千人と激増。ちなみに、十五歳未満の子どもの数は、一九六五年で約二千五百万人。それが、二〇一八年には約一千五百万人と約一千万人少なくなっている。

若年人口が四割程度減少し、毎年の出生数が百万人を切る超少子化のなかで、親の離婚を経験する子どもの数が三倍近く増加し、毎年二十万人を超えているのだ。子どもにとって親の離婚は、極めて大きな精神的ダメージを与える。棚瀬《たなせ》一代著『離婚で壊れる子どもたち～心理臨床家からの警告～』には、離婚家庭の子どもが一般的に反社会的行動、権威者への攻撃的行動、対人関係の困難さ、抑うつ状態、学習困難などの問題を抱えている場合が多いとの米国の調査結果が紹介されている。

日本においても、子どもが非行で検挙・補導される率は、両親が揃っている家庭に比べ、母子家庭は二・六倍、父子家庭は四・四倍との調査結果も報告されている。離婚の激増で心を壊された子どもの数も激増し、社会が不安定化しつつある。

しかし、この状況は弁護士にとっては願ってもないことなのだ。

日本中の家庭が壊れて、争いが絶えない世界こそ、弁護士らが望む世界である。ただ、弁護士にとって、離婚件数が増えるだけではあまり意味がない。子どもの親権は父親と母親のどちらかにしか与えられないという現行の単独親権制度と、親権をとれるかとれないかで天と地ほど親子の人生が変わる現行の裁判運用が、維持されることが必須である。

親権をとった親は、邪魔なもう一方の親を完全に排除し、子どもとの幸せな生活を独占できる上に、財産分与そのほかの各種一時金に加え、もう一方の親から養育費という名目で不労所得を継続的に得ることができる。「養育費は子どものため」と言いながら使途が制限されているわけではない。離婚裁判をやり親権を奪えば、親が好き勝手に使えるお金が定期的に入ってくるということだ。

一方、親権を奪われた親は、自分の財産をもう一方の親にごっそり奪われるだけでなく、子どもと会えなくても、毎月、養育費という名の多大な金額をもう一方の親に払い続けることを強制させられる。

二〇二〇年十月二十三日、行方不明になっている女性の夫が逮捕された。元警察官だという。子どもの親権を争っていた夫は、警察の任意聴取に対し、「妻がいなくなれば自分の手元に子どもが来ると思った」と述べているほか、「親権争いで負けると資産も家も取られ、破産すると思った」と話しているという。

元警察官が言っていることは正しい。親権を奪われ、破産するものは数多い。

このように、子どもの親権を奪うか奪われるかで、人生がまったく違ったものになる。

そういういまの仕組みが維持されないと弁護士としては商売にならない。

小泉純一郎と岩崎宏美

小泉純一郎元総理大臣の元妻であり、俳優の小泉孝太郎、政治家の小泉進次郎の母親である宮本佳代子さんは一九七八年に小泉純一郎と結婚、四年後の一九八二年に離婚。孝太郎・進次郎の二人の子どもを残し小泉家を去った。宮本さんは雑誌のインタビューで、「いちばん辛くて悲しい時期で、一生分ぐらいの涙を流した気がします」と当時を振り返っている。

宮本さんは、二人の子どものメディア露出が増えたことから、「今では、毎日会っているような気がします」と話しているように、完全に親子生き別れ状態になっているのがわかる。

もし、離婚当時、いまのような「実子誘拐」により親権を獲得できるビジネスモデルが確立していたらどうなっていただろうか。たとえば、宮本さんが、小泉純一郎の「DV」を理由に、ある日突然、二人の子どもを連れて家を出て離婚訴訟を起こしていたら――。

間違いなく勝訴し、二人の親権は宮本さんが獲得していただろう。

小泉孝太郎、小泉進次郎の名前は、それぞれ宮本孝太郎、宮本進次郎となっていたはずだ。二人の人生が大きく異なるものとなっただろうことは言うまでもない。父と二人の子どもは生き別れになり、「一生分ぐらいの涙を流す」のは小泉純一郎の方であっただろう。DV男の烙印《らくいん》まで押され、総理への道をも断たれていたかもしれない。

そう想像するだけで、いまの日本の制度下において、子どもの親権を獲得できるか否かがどれほど、多くの人の人生に多大な影響を与えるのか、理解してもらえるだろう。

もう一つ、エピソードを紹介する。

歌手の岩崎宏美は、産経ニュースの取材で、自身の子どもの件について告白している。

「離婚したときは長男が5歳、次男が2歳半でした。子供の親権を渡せば離婚してくれるというので養育権（筆者注：監護権）を残して離婚したんですが、彼が再婚すると養育権も取り上げられ、結局、2カ月に1回しか会えなくなってしまった。子供たちとは、会えば昨日まで一緒に暮らしていたかのようにしゃべるんですけど、別れ際に泣かれました。私も子供たちが住むマンションの前まで車で行っては泣いていた」

二〇二〇年十月十九日の『徹子の部屋』において、彼女はある絵にまつわるエピソードを披露している。その絵は幼い息子二人の姿が描かれた油絵で、二十五年前の離婚で息子たちと離れて暮らすことになった彼女が、その寂しさを紛《まぎ》らわすために自ら描いた絵だという。現在、息子二人とは自由に行き来ができる関係になったとのことだが、失われた日々は決して戻ってこない。

この問題はいまに始まったことではない。

「みんなちがって、みんないい」という詩（『私と小鳥と鈴と』）で知られる詩人の金子みすゞは、離婚に伴い娘を育てたいと夫に要求したが親権をとることができずに服毒自殺した。一九三〇年のことだ。

親権一つで自分のみならず子どもの人生までこれほど変わるのであれば、そして、場合により自殺にまで追い込まれるのであれば、親権を獲得するために親は出せるだけのお金を出すだろう。

面会交流阻止で儲ける弁護士

弁護士は、そのような親心につけ込み、お金を搾《しぼ》り取れるだけ搾り取るのだ。

彼らが関心あるのは、お金。自分が得られる弁護士報酬がどれくらいか、その一点のみである。彼らにより壊された家庭の子どもの心がどうなろうが関心はない。子どもは、子《こ》煩悩《ぼんのう》で高所得である依頼人の配偶者を裁判に引きずり込むための生餌《いきえ》でしかない。

こういうと弁護士らはそんなことはないと色をなして反論するかもしれない。

しかし、本当に子どものために働いているのだとすれば、養育費から成功報酬をとることは決してしないはずである。また、子どものためにも、夫婦間の葛藤を煽《あお》るようなことはしないはずである。この報酬体系ほど、彼らの本音を雄弁に語るものはない。

報酬体系を見て気づく問題はまだある。

それは、多くの弁護士が、「裁判において相手側の要求する面会交流を阻止した場合」に成功報酬をもらっていることだ。上記の明朗会計を謳う弁護士事務所のホームページには、「面会交流要求を阻止した場合の報酬は30万円」と堂々と記載してある。

親子の絆《きずな》を断つことに成功したら「報酬」をもらうなど、下衆《げす》の極みである。これでもまだ「子どものため」と弁護士らは言い張るのだろうか。

ちなみに、面会交流阻止で儲ける弁護士のやり口はこうである。

依頼人である親に、「実子誘拐」を指南し離婚訴訟で勝訴させ、めでたく親権を奪いとった暁《あかつき》には、面会交流を打ち切る方向で指導する。そうすると、親権を奪われた親は、面会交流調停を申し立ててくる。そうなれば、弁護士は、親権を奪った親側の代理人として、改めて事件を受任し再度着手金をとり、さらに、面会交流要求を阻止して成功報酬を得る。

こうやって、子どもを利用し、離婚後も、しゃぶり取れるだけしゃぶり取る。「子は宝」

とは弁護士のためにある言葉なのではないか。
そのような弁護士の指導のためかはわからないが、今世紀に入ってから、面会交流調停・審判の件数は劇的に増えている。二〇〇〇年には、面会交流調停の件数は二千四百件、審判は三百件だったが、二〇一五年には、それぞれ、五倍の一万二千三百件、七倍の二千件へと急増している。
弁護士にとっては、我が世の春である。

裁判官と弁護士の癒着

この「実子誘拐」ビジネスは、「実子誘拐」をした親に親権を与える判決を裁判官が出すことが前提である。裁判官の協力なしには成立しない。では、なぜ裁判官は「実子誘拐」をする親とその代理人である弁護士らに加担するのだろうか。そのことについて、卒田さんは、裁判官と弁護士が癒着しているからだという。その点を取材した。

――「裁判官と弁護士の癒着」とは具体的にどのようなものですか。

卒田　私の事例で説明します。通常、子どもの親権者指定を求める離婚訴訟をする前に、別居中の夫婦のどちらが監護権を持つかの審判を申し立てます。監護者として指定されれば、そのまま離婚訴訟において親権者に指定されるのが普通であり、監護者がどちらになるかは非常に重要です。私のケースでもまずは監護権指定の審判から始まりました。

その監護権指定の審判を担当した裁判官で、娘の監護権を妻に指定する審判書を二〇一二年に書いたのが、若林辰繁《たつしげ》という者です。彼は、二〇一七年に退官した後、妻側の弁護団に名前を連ねている坂下裕一弁護士の事務所に再就職、つまり「天下り」したんです。

――その「天下り」と卒田さんの審判時における運用との間に関係があったと考えますか。

卒田　はい。若林裁判官は妻側の話しか聞かず、こちらからの話には一切聞く耳を持ちませんでした。あまりにも一方的で公平性に欠く対応をするので何度も抗議しましたが、真摯《しんし》に対応しようとする姿勢はまったくありませんでした。

たとえば、裁判所で審議をしている際、私は若林裁判官に対し、当時国会で審議されていた民法改正案についての江田五月《さつき》法務大臣の発言を紹介しながら、「子どもの利益を第一に考えた審査をしてほしい」と訴えました。

江田大臣の発言は、

「継続性の原則があるから連れ去った方が得だと、そういうことがあってはいけない」

「裁判所は親子の面会交流ができるように努めることがこの法律（改正）の意図するところ」

「(フレンドリーペアレントルールの採用については) 一般的に異論はない。重要な指摘である」

といったものでした。

私の訴えに対し、彼は「法務大臣が国会で何を言おうと関係がない。国会審議を参考にしたことはこれまでに一度もない」と言い放ちました。

私が「立法者の意思をまったく無視してよいと家庭裁判所が判断する根拠は何ですか。憲法のどこに書いてあるのですか。司法は、いつから立法府より上の立場になったのですか」と尋ねたら、若林裁判官は「あなたと法律の議論をするつもりはない。終わります」と言って出て行ってしまいました。

彼の暴言は、私に対してだけではありません。

子どもを誘拐された別の当事者で若林裁判官が担当だった方から聞いた話ですが、子どもとの関係を取り戻したいと必死に訴えた際に若林裁判官は「親権、養育費、財産分与、慰謝料を決めるのが私の仕事、それだけ」と突き放す発言をしたり、「決めるのは私だから、あなたは資料を出していればよい」と言って話も聞かず立ち去ったりといった行動をとられたそうです。

ネット上には《現在離婚訴訟中の父親です。裁判官は若林辰繁という奴です。「俺も地裁で単身赴任の時は子に一カ月以上会えない時もあった」「親権は現状追認に決まってる」「いつまで裁判ひっぱるつもりだ、代理人も他の仕事出来ないだろ」など、感情的になって不適切な発言をしながら脅迫してきました。これで子供の人生が決まってしまうと思うと遺憾である。2010／3／2［鬼畜若林辰繁］》と憤《いきどお》る書き込みもあります。

新聞で報じられているところによると、二〇一〇年六月二十九日、離婚訴訟の法廷において、若林裁判官は、原告の母親に子どもの親権を認めるなどとした判決を言い渡した直後、被告である父親から手に持っていたペットボトルを投げつけられています。その父親は逮捕されてしまいました――。

暴言を吐かれた上に親権まで奪われれば、誰だってペットボトルくらい投げつけたくなるでしょう。逮捕されるべきは、若林裁判官の方です。

鬼畜と呼ばれても仕方がありません。

裁判官の「トンデモ発言」と「便所の落書き」

――ひどい暴言の数々ですね。その後、若林裁判官とはどのようなやりとりがありましたか。

卒田　私に対して発せられた発言は当時、「裁判官のトンデモ発言」として彼の実名入りで週刊誌の記事にまでなりました。それを逆恨みしたのか、彼は審判書に「以下の事実が認められる」と記した上で、私が「妻にハサミを突きつけた」などと記載しました。公の機関に事実認定を求める場合、その事実を裏づける証拠を提出しなければなりません。逆に言えば、証拠がないかぎり、通常はその請求内容を「事実」として認定できないはずです。

ですから、審判書に私が「妻にハサミを突きつけた」などと書いた記述があるのを見て大変驚きました。彼は、どうやって私が「妻にハサミを突きつけた」と事実認定できたのでしょうか。その場に居たとでも言い張るのでしょうか。こんな出鱈目《でたらめ》が横行しているのが、いまの裁判所です。中世の魔女裁判と何も変わりません。

さらに、「接待を毎月百万受けていた」と娘の監護者指定にまったく関係のないことまで事実認定されました。月百万円の接待とはどのようなものなのか想像もつきません。

一方で、数十ページに及ぶ審判書のなかに、私が証拠として裁判所に提出したもの、たとえば、妻が娘を誘拐した際に家に置いていった「男性との仲睦《なかむつ》まじい写真」や、妻を「結婚不適格者」と記した義父のメール、私が娘の保育園の保護者として登録されていた証明書や、私の監護実績を示す各種の資料などについて、一文字も記載がありませんでした。

また、審判書には、「蛇足《だそく》ながら」と前置きし、民法改正について、「(今回の法改正は)従前から(裁判実務で)認められていることに明文が一部追いついたもの」、「(卒田が言うように）今回の法改正を大きくとりあげて『これまでとは違う』と強調することは相当とはいえない」とまで書きました。

つまり、「トンデモ発言」の言いわけをあえて公文書である審判書に書いたのです。そして、法務大臣が使うのは適切ではないと答弁した「継続性の原則」に基づき、妻を監護者に指定しました。

この民法改正は、裁判所の運用がおかしいので、それを改めるためになされました。それが立法趣旨です。にもかかわらず、司法の独立という名で、改正されたばかりの法の立法趣旨を堂々と無視し、法解釈と称して法を逸脱した審判書を出す。ある弁護士がこの審判書を見て「便所の落書き」と称していましたが、こんな法にも事実にも基づかない「便所の落書き」レベルの審判や判決を出すことが裁判官に許されているのだとしたら、法律などあってないようなもの。国会も不要です。何時間もかけて条文の解釈について質疑応答する国会審議など、時間の無駄でしかありません。

ただ、当時、私が解《げ》せなかったのは、若林裁判官がなぜここまで妻側に肩入れするのかです。若林裁判官は、雑誌に実名入りで叩かれ、国会でも「不逞《ふてい》の輩《やから》」と糾弾されながらも、法を曲げ、事実を曲げてまで妻を監護者に指定しました。

若林裁判官が退官後、妻の代理人であった坂下裕一弁護士のいる事務所に「天下った」

と聞き、その疑問が氷解しました。

子どもの人権よりも退職後の我が人生

――若林裁判官と美佳さんの弁護士との間で、何らかの裏取引があったということですか。

卒田　明示的な約束なのか、暗黙の合意なのかはわかりませんが、そういったものがなければ、若林裁判官が妻側にあそこまで肩入れするはずがありません。坂下弁護士らもあえて若林裁判官を自分の事務所に迎え入れたりしないはずです。

「実子誘拐」ビジネスは、「実子誘拐」したら必ず勝訴できることが前提となっています。弁護士が「実子誘拐」を依頼人に教唆し実行させたにもかかわらず、その依頼人の親権や監護権を取り上げる判決や審判がでたら、依頼人から「騙された」とその弁護士が訴えられかねません。

そんなことにならないためには、必ず勝訴できないと弁護士は困るわけです。もし、裁判官の「天下り」を受け入れることで、裁判での勝訴が保証され、莫大なお金が転がり込む「実子誘拐」ビジネスが継続できるのであれば、裁判官の一人や二人を雇い入れることなど喜んでやるでしょう。

一方、裁判官にとって、定年退職後の第二の人生がどうなるかは大変重要な問題です。弁護士の資格があったところで雇ってくれるところがなければ、何の意味もありませんから。そういった事情から、退官後に自分を雇ってくれることを約束する弁護士事務所に対しては、いくらでも法や事実を曲げて、その事務所に有利な判決・審判を出すのだと思います。

しかも、審判書や判決には何を書こうが問題はない。私がやられたように「便所の落書き」でまったく問題ないのです。憲法で裁判官の身分は保障されており、国会による弾劾《だんがい》裁判など有名無実。審判書や判決で書いた内容を理由にクビになることは絶対にない。最高裁判決に反する判決を書かないかぎり、最高裁に睨《にら》まれて左遷されるおそれもありません。ノーリスク・ハイリターンということであれば、自分にとって都合のよい文章を書くのが人間です。治外法権という特権を与えられても法を守る高潔な人間などまずいません。

若林裁判官にとっても、退官後に、妻側の弁護士らが生活を保障してくれるのであれば、どんなことをしてでも妻側を勝たせます。逆に、私を勝たせたところで何の得にもならない。私は彼に「天下り」先を提供してあげられるような力も権限もありませんから。そんな人間が何を言おうが、若林裁判官にとってはどうでもいいこと。彼にとっては、私も私の娘も何の価値もなく、虫けらのようなものなのでしょう。

若林裁判官より許し難いのは、裁判所という組織です。私は彼の審判が不当な公権力行使だとして国家賠償請求をしましたが敗訴しました。組織ぐるみで彼を庇《かば》ったのです。N

ＨＫなどが「実子誘拐」の実態を告発する番組を制作した際には、弁護士らに加え最高裁からも圧力を受けたと記者などから聞きました。番組が放送予定の三日前に取りやめになったこともあります。彼らの隠蔽体質に憤りしか感じません。同じ公務員として恥ずかしいかぎりです。

卒田さんの言葉が正しければ、問題の根は相当深いと言える。裁判官は国家公務員であり、人々の生殺与奪《せいさつよだつ》の権利を持つ仕事である。職務の公正性が最も求められる職業と言ってよい。この若林辰繁元裁判官のような信用失墜《しっつい》行為をする者が二度と現れないよう、たとえば、国家公務員の再就職規制、いわゆる天下り規制に、特別職国家公務員である裁判官も含めるなどの措置が必要ではないだろうか。

監視付き面会交流ビジネス

裁判官と弁護士との癒着の問題に加え、裁判官らをはじめとする裁判所職員が弁護士らの「実子誘拐」ビジネスに加担する理由としてしばしばあげられるのが、「監視付き面会交流ビジネス」の維持である。

親権を争う離婚裁判で、子どもを誘拐した親の代理人である人権派弁護士が「ＦＰＩＣ

を使ってであれば子どもを会わせてやってもよい」と言ってくることが非常に多い。また、裁判官が「面会交流をＦＰＩＣを使って実施すること」と指示する場合もある。

ＦＰＩＣとは公益社団法人「家庭問題情報センター」の通称である。この団体のホームページを見ると、家庭裁判所の元調査官たちが運営する監視付き面会交流サービスを提供する団体であることがわかる。二〇二一年二月時点での理事長は、最高裁事務総局家庭局長を務めた安倍嘉人《あべよしと》元裁判官。初代の理事長の山田博も最高裁事務総局家庭局長を務めた裁判官だ。歴代の理事長すべての経歴を調べたわけではないので確証はないが、最高裁事務総局家庭局長を務めた者の天下りポストと考えてよいだろう。要するに、家裁調査官と家事事件をやってきた裁判官らの天下り先である。

「実子誘拐」した親を親権者とすることを正当化する調査官報告書に基づき、裁判官が「実子誘拐」者を親権者とする判決を書く。同時に、親権を奪われた親はＦＰＩＣに斡旋《あっせん》され、そこで面会交流をすることが促《うなが》される。拒否することも可能だが、そうすれば子どもと会うことを自ら拒否したとみなされ、一切会うことができなくなる仕組みだ。

そこで、子どもを奪われた親の多くは仕方なくＦＰＩＣを利用することになる。

裁判が始まる前から結論は決まっている。「実子誘拐」をされた親は親権を剥奪され、ＦＰＩＣに追い込まれる――。裁判手続きとは、その結論に向けてただ時間を消費するだけの儀式と言えるだろう。裁判官にとって、ＦＰＩＣに客を呼び込む判決を書かなければ、人事権を持つ最高裁事務総局によって辺鄙《へんぴ》な地に左遷されるおそれがある。そんなリスクをとってまで親子を救おうなどという正義感のある裁判官はほぼ存在しない。

そのＦＰＩＣの面会交流だが、最高で月に一回三時間しか認めない。プレゼントは原則禁止。ビデオの録画や録音も禁止。誰だかわからない者が始終監視しているなか、限られたスペースで面会交流をさせられる。これをすべての親子に強制する。

「面会交流」という名が示すように、これは刑務所の面会とあまり違いはない。

そして、このような刑務所の囚人のごとき扱いを受け、屈辱的な親子ごっこを数時間やるだけで一万五千円から二万五千円もの料金をとられるのである。

これまで、普通に生活していた親子が、なぜ見ず知らずの者に監視されながら法外な料金を払わないと会えなくなるのだろうか。これは明らかな人権侵害だ。しかも、そのような面会をやるかやらないかは同居親の胸三寸《むねさんずん》次第で、それをＦＰＩＣが咎《とが》めることもない。

二〇一四年三月十九日の衆議院法務委員会において、その問題が指摘されている。質問に立った議員によると、ＦＰＩＣを利用し子どもとの面会交流を行っていた父親に対し、面会交流日直前になり母親が、「子どもがインフルエンザにかかったのでキャンセルしてほしい」とＦＰＩＣに言ってきたため中止になることが複数回あったことから、父親が

「診断書を出してほしい」とＦＰＩＣにお願いしたところ、理事が「うちをでくの坊扱いするのか」と言って却下したとのことである。

このようなやり取りを繰り返すと、ＦＰＩＣから一方的に面会交流サービスを打ち切られることになるが、その時に裁判所に駆け込んでも助けてくれることはない。ＦＰＩＣは裁判所職員らの天下り先なのだから、ＦＰＩＣを批判したところで、鼻で笑われるだけだ。

こうして、親子関係は完全に断絶させられるのである。

裁判所職員の天下り先

諸外国にもこのような監視付き面会交流センターは存在する。しかし、それは児童虐待のあった場合や親が薬物中毒の場合など、親子二人で会わせることが危険な場合に限られ、かつ、裁判所が命令した場合にのみ実施される。危険性がなくなったと専門家が判断すれば、通常の交流に戻る。「実子誘拐」をした親が「ＦＰＩＣ以外では面会交流させない」と言うだけで監視付き面会交流が強制されるグロテスクな仕組みは、知るかぎり世界中で日本しか存在しない。

この異様な仕組みが日本で廃止される気配はない。なぜならば、ＦＰＩＣを所管する法務省民事局の幹部ポストは、後述するとおり、判検交流により裁判官で占められているからだ。出向中の裁判官らが最高裁事務総局家庭局長の天下りポストを削るようなことをしたら、最高裁事務総局に目をつけられ、彼らは裁判所に復帰できなくなってしまうだろう。削るのを阻止するだけでなく天下りポストを増やせば最高裁の覚えはさらにめでたくなる。

二〇二〇年七月十七日、「経済財政運営と改革の基本方針２０２０」が閣議決定された。この基本方針をもとに政府は予算案や法案を作成する。その基本方針に「安全・安心な面会交流のための具体策を検討する」の一文が挿入された。「面会交流」は危険なものであるとの前提がこの一文には込められている。

同年十二月十五日には、共同養育支援議員連盟の会長である馳浩元文部科学大臣から、「面会交流支援の抜本強化と制度化を求める緊急提言」なるものが出された。そこには、安全・安心な面会交流の実現に向け、「政府において、現行の支援事業を直《ただ》ちに拡大するとともに、新設も含めた適格ある相当数支援機関の育成及びその公的支援措置を、幅広く講じること」との記載がある。この提言を取っ掛かりにして、法務省に巣食う裁判官らは「面会交流の危険を取り除くためには『監視』が必要であり、『監視付き面会交流』サービスを提供するＦＰＩＣを拡大し公的支援措置を講ずる」ことだろう。

また、近年、面会交流に第三者が付き添う「支援サービス」も数多く生まれてきており、そのサービスを提供する者たちも新たなビジネスチャンスを虎視《こし》眈々《たんたん》と狙っている。

上記の提言には、「民間の面会交流支援機関を制度的に位置付け、政府が全国の支援機関を認証し、行政・司法の各場面で広く活用・支援するための制度的仕組みを構築すること」との記載もある。これは官民一体で「支援サービス」利権を造り出すことにつながっている。「裁判官の裁判官による裁判官のための」面会交流サービスが構築されつつある。

これらの動きを陰から操る小出邦夫法務省民事局長や藤田正人参事官らは、裁判所に戻り順調に出世させてもらえることだろう。さらに後ろに控え彼らに指示する中村愼最高裁事務総長も大谷直人最高裁長官から「愛《う》い奴」と一層の寵愛《ちようあい》を受けるはずである。我々がどこかの高裁長官さらには最高裁裁判官として彼らの名前を見る日も遠くない。

こうして、我々の家庭を食い物にし、裁判官らの天下り先や業界がどんどんと拡大していく。しかし、このような「安全・安心な監視付き面会交流」サービスは不要だ。

離婚前に普通に交流していた親子が、離婚したとたんに第三者に監視されたり、付き添われたりしながら会うことを強《し》いられ、なおかつ、お金を取られる——。これほど理不尽な話はない。

諸外国同様、元夫婦同士が連絡をとり、お互いにカレンダーを見つつ、どの日にどっちの親と子どもが一緒に過ごすのかを決定していくのは決して難しいことではない。ハリウッド映画を見ていると、週末、母親と暮らす子どもを父親が車で迎えに行くシーンが出てくる。これと同じことをやればよいだけの話だ。

なお、裁判所職員の天下り先はこれだけではない。厚生労働省が二〇〇七年に開設した「養育費相談支援センター」がそれである。FPICが運営を委託されており、相談員はすべて元家裁調査官とのこと。「（養育費）差し押さえの〝道筋〟を示せるように」との見出しが躍るネット記事には、センター長であり、FPIC理事の山﨑朋亮《やまざきともあき》元家裁調査官が取材に答えている。

月刊『Hanada』二〇二〇年七月号に掲載された「諸悪の根源は『単独親権』」で、自民党の三谷英弘《みたにひでひろ》衆議院議員が子どもを誘拐され裁判所に親権を奪われた父親の事件を紹介し、「親権を奪われ、子どもにも会わせてもらえない、そのうえ、金だけ払え。これで納得する父親がいるだろうか」

と書いている。

このような「金だけ払え」という不義が裁判所で堂々とまかりとおるのは、裁判所職員の天下りと無関係ではない。彼らは、自らの第二の人生を謳歌《おうか》するため、親権を奪う親に対して、監視付き面会交流や養育費の差押さえなどを命じる調査官報告書や判決・審判を出すのである。

菅義偉《すがよしひで》総理大臣は、事務次官会議の場で「世のなかには国民の感覚から大きく懸け離れ、当たり前でないことが残っている」と指摘し、「現場の声に耳を傾け、何が当たり前なのか、しっかりもう一度見極めてほしい」と各次官に指示したという。

いまの裁判所職員の感覚は、あまりにも国民の感覚からかけ離れている――。菅総理の言葉が、「実子誘拐ビジネス」「面会交流ビジネス」に関係する内閣府、法務省、外務省、厚生労働省など省庁の裏で糸を引いている最高裁事務総長とその上司の最高裁長官にきちんと届くことを期待したい。

自殺を図る父親を嘲笑した裁判所職員

裁判所職員の感覚が国民の感覚からかけ離れている例としてよく挙げられるのが、ある裁判所職員のブログである。これは国会でもとりあげられた。

子どもを誘拐された親を「キチガイ」と呼び、

《自分の要望が通らないからといって自殺を図ろうとする当事者。自分の要望が通らない＝裁判所が相手の味方をしていると完全に妄想中。もうだめだと窓から飛び降りようとしたりして本当に迷惑だ。裁判所でやられると後始末が大変だからやめてくれ、ああ、敷地の外ならいつでもどうぞｗｗｗ》と嘲笑《ちょうしょう》した。

なぜ、こんな感覚に裁判所職員が陥るのか。

これは「認知的不協和理論」で説明できる。「認知的不協和」とは、人が自身の認知とは別の矛盾する認知を抱えた状態、またそのときに覚える不快感を表す社会心理学の用語である。人はこれを解消するために、矛盾する認知の定義を変更したり、過小評価したり、自身の態度や行動を変更しようとする。

この理論を説明するときに、しばしばイソップ童話の『狐《きつね》とブドウ』の話が用いられる。高いところにあるブドウをとろうとした狐が、それをとることができず諦めた際、「どうせあのブドウは酸っぱいに決まっている」とつぶやく話だ。

奴隷制が社会の基盤となっていた古代ギリシャにおいて、哲学者アリストテレスは著書『政治学』のなかで、

「その本性においてある人々は奴隷であり、隷属《れいぞく》することが（その者にとって）有益なことでもあり、正しいことでもある」

と記しているのも、この理論で説明できる。同じ人間を奴隷として扱う不快感は、このような認識を持てば解消できるのである。

「実子誘拐」された親から親権を奪い、監視付き面会交流を命ずる判決を出す結論はあらかじめ決まっている。一方で、「実子誘拐」の被害に遭った親の多くは子煩悩で優しい親にしか見えない。その親から親権を奪い、監視付き面会交流を命ずることは、あまりにも残

酷な仕打ちである。このような心の葛藤を覚える裁判所職員にとって、その葛藤を解消するために一番効果のある方法は、「親権を奪われ、監視付き面会交流を命じられるほど、目の前にいるこの親はとんでもない親に決まっている」と認知の仕方を変えることだ。「この男は優しそうにみえるが、実は毎日、妻と子どもを蹴ったり殴ったりする危険な男に違いない。いや、絶対にそうである。そうであれば、親権を奪われても当然であり、面会交流は監視付きでなければならない」

こう自分を説得することで不眠症に悩まされずにすむ。

そして、一度、「実子誘拐の被害者である親が親権者・監護者として相応《ふさわ》しくない」という調査官報告書を書いたり、その親から親権・監護権を剝奪する判決や審判を書いたりすれば、それ以降、歪《ゆが》んだ認知を変更することはかなり難しくなる。

なぜならば、「自分は間違った報告書や判決・審判を書くことはない」という認知と協和しない事実はすべて退けるようになるからだ。そして、そのような誤った認知が「自分は優秀だ」と自惚《うぬぼ》れる者たちからなる組織全体で共有されると、同調圧力も働きその認知を修正することは極めて困難になる。

このような末期的状況に陥っているのがいまの裁判所である。「完全に妄想中」なのは、裁判官をはじめとする裁判所職員だ。若林辰繁元裁判官は特異な存在でもなんでもない。

若林がほかの職員と唯一違っていたのは、思っていることをそのまま口に出し、公文書に書いてしまう正直さだけである。

結婚は半永久的な強姦性愛

このような認知的不協和は、弁護士業界でも生じている。「自分は弁護士であり、その使命として社会正義を実現している」という認知と、「自分は、『実子誘拐』ビジネスに手を染め、罪もない親子を無理やり引き裂き、金儲けをしている」ということの認知は、矛盾する。そうであれば、どちらかの認知を変更しなければならない。そして、当然のことながら後者の認知が変更される。人権派弁護士を自称する者であればなおさらだろう。であるから、子どもを誘拐された父親は、「DV男」でなくてはならない。

東京弁護士会の女性の権利委員会（現「両性の平等委員会」）の部会長・副委員長を務めた鈴木隆文《たかふみ》弁護士らが書いた『ドメスティック・バイオレンス』という本がある。そこに記載されている内容をいくつか抜粋する。

・**『男性＝加害性がある』**

男性は男性であること自体が加害性を持つことを自覚すること。

女性がどう感じているかについては支配者（加害者・権力を持っている側）の男性からは目に見えにくく（目を向けようとせず）、男性は女性の人生全体を尊重・共感しない。

男性として育ってきた人は、性暴力をはっきりと男性問題としてとらえる必要がある。

・『父親は不要である』

どんな父親でも必要、母親のみの家庭では気の毒だという誤解がある。父親という人が存在する、しないにかかわらず、安全で安心な環境で育つ権利が子どもに保障されるべきである。

・『タネとカネは偉いのか？』

「タネ（精子）」の出し主（＝男性）は、相手の同意なしに「勝手に出してはいけない」責任が発生することがあっても、自分の身体を痛めたわけでもない男性には何らかの権限が発生するわけではない。男性が財産を独占して自分の財産を自分の精子による子どもに承継させるために女性の身体を生殖の道具として使うという考え方自体が、正当性のない男性優位文化の幻想である。

「父」を自称するために、男性は合理的な理由がない限り戸籍上の子が自分の精子が原因となって生まれた子どもと一致している、ということを信じて生きている。（中略）家族制度はこのような男性の思い込みを支えるために存在し、母親をはじめ周囲もその男性に父親としての意識を持たせようとする。父親となろうとする男性はタネと子どもが不一致かもしれない不安を拭《ぬぐ》い去るため子どもにお金をつぎ込み、子どもを思い通りに支配しようとする。ただし、この男性が稼いだと称し、子どもにつぎ込んでいる「カネ」は、女性の収入を不当に低く抑えることと引き換えに男性が多くもらいすぎているという女性差別社会の結果であり、男性に特別な価値があるから収入が女性より高いわけではない。

実は「子どものために離婚しないほうがよい」という考えもこの社会構造やお金にまつわる男女不平等から来ているにすぎず、この男性優位の異性愛強制社会が変われば根拠を失うものである。女性の労働が正当に評価され、子どもについては正当な法の保護があるならば、カネとしての父親の存在意義は崩れることになる。

この社会の父親の権威は、女性が婚姻という半永久的な強姦《ごうかん》性愛を強いられ、婚姻生活の中で妊娠の危機を一方的に背負わされ、または、不妊の原因を一方的に疑われるという女性の犠牲の上に成り立っている。

男性差別に対してはなぜ沈黙するのか

弁護士資格を有する者が、ここまで差別意識に満ち溢《あふ》れた記述を書いたという事実に愕《がく》然《ぜん》とする。仮に男女を逆にして「女性は女性であること自体が加害性を持つことを自覚すること」「母親は不要である」などと書いてあれば、女性団体などは猛烈に抗議するだろう。

かつて、ある学者の「女性が生殖能力を失っても生きているのは無駄で罪です」との言葉を引用し発言した石原慎太郎東京都知事に対し、日弁連は発言が女性に対する差別発言であるとして石原知事に発言の撤回や謝罪を求めた。この鈴木の記述の酷《ひど》さは、石原知事の発言の比ではない。

にもかかわらず、女性差別を抗議する人たちは、このような男性差別に対しては沈黙する。それればかりか、男性差別を推奨し偏見を助長している。行政機関もしかりである。驚くべきことに、この本は、東京都の施設「東京ウィメンズプラザ」の展示図書になっており、横浜市の施設「男女共同参画センター横浜」の推薦図書にもなっているのだ。

日弁連も鈴木弁護士らと同様の考えのようである。

二〇二〇年十月二十日付で、日弁連は「配偶者からの暴力の防止及び被害者の保護等に関する法律（DV防止法）の改正を求める意見書」を政府に提出。その意見書のなかで、DV防止法改正案として、DV防止法に法の目的を定める条文を新設した上で、その目的規定に「DVが社会における性差別に由来する力の格差の下《もと》で生じるという構造的な問題であること」を入れるよう提言している。DVが性差別に由来する構造的な問題なのであれば、女性が男性配偶者に対して振るう暴力はDVではないことになるのではないか。

こんな無茶苦茶な話はないと思うかもしれないが、そんなことはない。なぜなら「男性は男性であること自体が加害性を持つ」という鈴木弁護士の理屈に従えば、日弁連の提言はまったく正しいということになるからだ。

彼らによれば、離婚とは、婚姻という半永久的な強姦性愛を強いられている女性を男性支配から解放することを意味する。「タネ」の出し主でしかない父親など、子どもにとって不要。面会交流など必要ない。父親は「タネとカネ」だけ出せばよい存在なのだ。「カネ」については、これまで収入を不当に低く抑えられた女性に、不当にもらい過ぎた男性が返還するだけの話であり、女性にとって当然の権利。男性から養育費を強制的に取り立てるのは、これまで搾取された金を取り戻すだけのことである。

彼らは、これらの男性蔑視・女尊男卑《じょそんだんぴ》の差別的主張を社会に浸透させていくために「DV」という言葉をレトリックとして利用する。日弁連の提言書にも出てくる「精神的DV」や「経済的暴力」などという言葉も、鈴木弁護士の解説がつくことで極めてクリアに理解できるようになる。「モラハラ」という言葉も同様だ。彼らは、男性へのヘイトスピーチを「DV」や「モラハラ」といった言葉に包んで吐き出すのである。

前章でとりあげた卒田さんの元妻と元義母から送られてきたメールやメモを読んでまったく意味がわからなかった人も、この鈴木の解説がつけば少しは理解できるかもしれない。もちろん、理解することと共感することはまったく別物である。

弁護士らにとって、自分の精神衛生上、このフィクションに乗っかるのが一番楽だろう。現実を直視したら、「実子誘拐」ビジネスほど唾棄《だき》すべき仕事はないからだ。

このフィクションを受け入れることで、自分は社会正義を実現しているのだと自分を騙すことができ、親権を奪い取った父親から金を奪い取れるだけ奪い取っても、なんら良心の痛みを感じずにすむ。

一度、このような「妄想」を自分のなかに取り込めば、「実子誘拐」を依頼者の女性に教唆することも、「実子誘拐」の被害者である男性がDVを働いたと虚偽の主張をすることも、その男性の名誉を徹底的に傷つけることもなんら躊躇《ちゅうちょ》することなくできるのだ。

卒田さんに対してなされた名誉毀損行為について、以下具体的に言及するが、それらを見ると、卒田さんに対してなされた三十九人の名誉毀損と、この鈴木弁護士が主張する内容とは根底においてしっかりとつながっていることがよくわかるだろう。

集団リンチを行った悪党たち

卒田さんは、最愛の娘である真理ちゃんとの生活を取り戻そうと奮闘した結果、「実子誘拐」ビジネスという弁護士と裁判官らの利権の温床に足を踏み入れることになった。そのため、弁護士や裁判官らによって集団リンチにあったのである。

卒田さんが名誉毀損で訴えた民事訴訟の訴状には、彼らの行った名誉毀損行為が「通常の名誉毀損とは全く異質の組織的・計画的犯行」であり、「その精神的苦痛や経済的損失がどれ程甚大なものかは、裁判官自らが一個人として同様の集団リンチを受けたらどうかと考えれば、容易に想像ができるはず」との記載がある。

その集団リンチ行為の被告に名を連ねる三十九人は、「実子誘拐」ビジネスを維持したいという点で利害が一致する。

「松戸判決」が出された直後から、名誉毀損で現在訴えられている被告三十九人の卒田さんに対する執拗《しつよう》かつしたたかな人格攻撃が展開された。以下、卒田さんが民事訴訟で提訴した名誉毀損行為の数々だ。

◇特定非営利活動法人「全国女性シェルターネット」の理事（元代表）である被告近藤恵子が講師を務める内閣府主催のＤＶ相談員研修会において、同法人の共同代表である被告北《きた》仲千里《なかちさと》、被告土方聖子《ひじかたきよこ》が、研修会の参加者に対して、卒田さんがＤＶを行う人物であると印象づけるビラを作成して配布し、「松戸判決」を見直すよう高裁へ要望する書面への署名を求めた。

◇近藤恵子は、「松戸判決」に関して産経新聞から取材を受けた際に、「ＤＶが冤罪《えんざい》というのは加害者の論理だ。支援に当たったケースで冤罪ＤＶはゼロ。今回の事例でも、私たちは夫にＤＶに当たる行為があったと考えている」「母親が不当に子どもを連れ去ったのではなく、実態はＤＶから自身と子どもを守るための緊急避難だった」などと話した。

そのため、卒田さんが実際にＤＶを行っていたかのような印象を与える記事となって報道されることとなった。

前章でとりあげた刑事告訴の近藤に対する警察の事情聴取で、近藤が全否定した取材というのが、この産経新聞の取材である。

◇妻側の弁護団を構成する被告蒲田孝代、萩原得誉、清田乃り子、本田正男、坂下裕一、齋藤秀樹、安田まり子ら総勢三十一人は、二審の東京高裁判決後に司法記者クラブで記者会見を開き、「弁護団作成資料」と称するものをメディア関係者に配布した。

その資料には、前章で紹介したように、卒田さんが「大声でどなる、食器を投げつける、はさみを突きつけるなどとしたため卒田氏の妻は子どもを連れて逃げたのだ」などと記載されており、「実子誘拐」を正当化する内容のものであった。この記者会見を受け、「妻側が夫のＤＶを主張している」とテレビのニュースでも報道された。

なお、被告の弁護士らの大半は「人権派」弁護士と称される者たちだ。たとえば、妻側弁護団の主任弁護士の蒲田孝代は、事務所のホームページを見ると主に取り組んだ事件として「冤罪事件」を挙げている。

◇特定非営利活動法人「フローレンス」の代表理事であるほか、「イクメン（育MEN）プロジェクト推進委員会」（厚生労働省主管）、「子ども・子育て会議」（内閣府主管）及び「輝く女性の活躍を加速する男性リーダーの会」（内閣府主管）の委員ないしメンバーであり、かつ、日弁連の市民会議委員である被告駒崎弘樹は、二審の東京高裁判決が出された当日、ツイッター上（フォロワー数が数万人）で《モラハラ夫（父）に引き渡すわけないだろう。少し裁判調べればわかることだ》など、裁判ではまったく認められていないことをあたかも裁判で認められたかのように印象づける虚偽の内容を流布《るふ》した。

◇フェミニズムを専門とする大学教授の被告千田有紀は連合会館において、卒田さんの元妻が卒田さんの暴力が原因で「実子誘拐」をしたのだと印象づける講演を行った。この千田は、前述のとおり、卒田さんの元妻と共謀していることがすでに明らかになっている。

なお、千田と駒崎は、「実子誘拐」の被害者である親には人格に問題があるかのような印象を与えるプロパガンダ記事をネット上に次々と配信している。たとえば、「実子誘拐」の被害者である父親を誹謗《ひぼう》中傷する記述の隣にナイフを持った男の写真を置くことで、あたかも「実子誘拐」の被害者が殺人犯と同等の加害者であるかのようなイメージを読者に抱かせる効果を狙うなど、その手法は非常に洗練されている。

◇朝日新聞の論壇委員を務めていた被告木村草太は、蒲田が投稿した雑誌『法学セミナー』

の記事を朝日新聞紙面で「論壇委員が選ぶ今月の３点」として取り上げ、「離婚後の面会交流のあるべき形や『フレンドリーペアレントルール』の弊害など、多くを学ぶことができる論稿である」と記載した。

さらに、特定非営利活動法人「しんぐるまざあず・ふぉーらむ」理事長であり朝日新聞の論壇委員であった被告赤石千衣子は、木村の記事をツイッター上で再引用して《重要》と付け加えるなどし、卒田さんによる暴力があったとする主張を拡散した。

この蒲田の記事については、中立的立場にある弁護士がブログで、《蒲田弁護士は、当事者である原告（卒田さん）を「人格攻撃」しているが、理屈で責められないということは論理破綻《はたん》していることの証左である》《蒲田弁護士の一方的な罵詈《ばり》雑言《ぞうごん》の類《たぐい》が書いてあるに過ぎない》と痛烈に批判しているように、この記事自体が名誉毀損の対象となる代物《しろもの》である。

にもかかわらず、木村と赤石は、この記事を手放しで賛美しているのだ。その裏には強いつながりがあると考えるのが自然だろう。

そのつながりを示す一例として、二〇二〇年一月二十七日、赤石がシングルマザーサポート団体全国協議会代表として、駒崎らとともに「養育費の取り立て確保に関する要望」を森まさこ法務大臣に提出した事実が挙げられる。

要望書には「養育費差押えの支援」のほか、「共同親権制度など親権の在り方とはリンクさせないこと」などの記載もある。この文書からは、子どもを奪われて会うこともできず憔悴《しょうすい》しきった父親から金を取り立てることへの良心の呵責《かしやく》は微塵《みじん》も感じられない。裁判所職員が「実子誘拐」被害者の父親を「キチガイ」と呼ぶのと同じような認知の歪みが、赤石や駒崎らにはあるのだろう。

駒崎は、月刊『第三文明』二〇一九年十二月号において「子どもの権利を阻害する離婚後共同親権」との見出しをつけ自説を展開したうえで、「公明党と共に頑張っていきたい」と結んでいる。

この自説がまったくの虚偽であることは、二〇一九年二月に国連子どもの権利委員会が「子どもの権利条約の実施状況」の対日審査結果を公表し、「子どもの共同親権を認める目的で、離婚後の親子関係について定めた法律を改正するとともに、非同居親との個人的関係及び直接の接触を維持する子どもの権利が恒常的に行使できることを確保すること」と、日本政府に勧告した内容に矛盾することからも明らかである。

なお、子どもの権利条約は九条一項で「締約国は、児童がその父母の意思に反してその父母から分離されないことを確保する」と規定し、三項で「締約国は、児童の最善の利益に反する場合を除くほか、父母の一方又は双方から分離されている児童が定期的に父母のいずれとも人的な関係及び直接の接触を維持する権利を尊重する」と規定している。締約国の多くは、この条約の批准《ひじゅん》に併せて共同親権制度に移行したと言われる。条約を遵守《じゅんしゅ》し、子どもの権利を守ろうとすれば、離婚後、共同親権制度に移行せざるを得ないからである。日本政府に対し上記のような勧告が出るのも、この規定に日本が違反しているためだ。

にもかかわらず、駒崎は堂々と嘘を『第三文明』に書いた。この嘘が絶対にバレないと確信していたに違いない。読者は創価学会員に限定されており、彼らは、それが嘘だと調べようともしないから簡単に騙せると高《たか》を括《くく》っていたのだろう。創価学会員も随分とバカにされたものである。

堂々とした嘘のつきっぷりでは、木村草太も負けていない。

たとえばその著書において、一九八二年にドイツ憲法裁判所が出した判決を援用し、「日本の離婚後の単独親権の規定は合理性がある」と主張している。しかし当該判決こそ、民法に規定する離婚後の単独親権制度が違憲であると判示し、離婚後の共同親権制度改正の立法化につながった画期的な判決なのである。

その判決をあたかも単独親権を支持する判決であるかのように読者に紹介して印象操作するやり方は、今回の卒田さんに対する名誉毀損の手口に通ずるものがある。

◇被告には元裁判官の浅田登美子《とみこ》と若林辰繁も含まれている。若林は、すでに卒田さんが取材に答えて言及しているように、卒田さんの事件を担当した裁判官であり、「便所の落書き」と揶揄《やゆ》される審判書を書いた者である。若林は、卒田さんから娘の監護権を奪い、卒田さんの妻を監護者指定した後、卒田さんの妻の代理人である坂下裕一のいる弁護士事務所へ天下った。

大衆操作で同時多発「テロ」

このように、卒田さんへの人格攻撃は様々な場所で同時多発的に展開された。見事な連携プレーである。

卒田さんは、訴状で「被告は原告（卒田さん）が一審で勝訴した結果に脅威を覚え、先例として最高裁判所にて確定しないよう、また、親による子の連れ去りや引き離し行為を禁ずる方向に世論が向かないよう、原告の評価を集団で徹底的におとしめ、社会から抹殺しようとしたのだ」と主張する。

「このような行為は、欧米では『人格破壊（Character Assassination）』と呼ばれ、大衆操作の一手法として知られる。相手の主張や行為そのものを攻撃するのではなく、組織的に計画的にメディアなどを使って大衆を操作し、相手の社会的評価やイメージを著《いちじる》しく下げることで、その影響力を無力化させるのである」とも主張している。

卒田さんがDV行為を行っていた証拠はどこにもない。前章で卒田さんが語ったことが事実であれば、むしろDV被害者である。

「松戸判決」において「(卒田さんの妻は卒田さんに対する)身体的・経済的・精神的・性的暴力を婚姻破綻の原因及び慰謝料の発生原因として主張するが、そのような事実を認めるに足りる証拠はない」と断じている。判決文でここまで踏み込んで記載することは異例だ。担当裁判官が「DVがまったくなかった」と確信していないかぎりここまでの言葉は書けない。それだけ、卒田さんの妻の主張には根拠がまったくなかったのだと推認される。

しかし、そのような判決内容は、三十九人もの社会的影響力や信用力のある者が同時多発的に虚偽を流布すれば完全に上書きできるのである。

さらに、前述のとおり、卒田さんの妻と被告らは共謀し、卒田さんの妻や被告らが行った「実子誘拐」行為や、それを正当化するためにDVを捏造した行為を報道する記事を見つけると、記事を書いた記者やライター、編集部に「裁判をするぞ」などと圧力をかけ、記事をネット上から落とさせるなどの工作も行っている。

これは、表現の自由を侵害する行為であり、憲法の規定に違反する重大な人権侵害行為だが、これを憲法学者を自称する木村草太や「人権派」と称される弁護士たちが行っているのは皮肉である。

被告らの工作はこれまで非常に成功しており、一般の人の目に見えるのは、被告らにとって都合のよい記事ばかりである。「嘘も百回言えば本当になる」との慣用句があるが、この三十九人こそ、その言葉が真実であると実感していることだろう。

司法の闇を払う一筋の光

卒田さんは、このようにして、娘との約束を果たそうとした結果、彼らに完全に潰《つぶ》されそうになった。しかし、その人格破壊ともいえる凄《すさ》まじい名誉毀損を逆手に取り、刑事告訴をし、さらには民事訴訟に踏み切った。その卒田さんの奮闘はこの国の司法の闇を払う一筋の光である。

この名誉毀損の民事訴訟の報道がされた翌日の二〇二〇年三月二十七日、ある女性弁護士がブログに以下のように書き込んでいる。

《昨日は何かの扉が開いたかのような日だった

松戸判決は、2016年3月のことだった

縁あって、控訴審判決は傍聴した

絶望的な空気に襲われていたし、その後の最高裁もあっさりと確定してしまって過ぎて

いったようにも思われるが、実は、その意義は活きていると信じていた

たった一つのある夫婦の離婚事件のために、連帯する弁護士軍団という不思議

大手事務所に所属する弁護士全員が名を連ねることはある

実働するのは数名だったり、担当者は1人ということもある

この事件が異常なのは、事務所も弁護士会も異なる複数の弁護士が、1人の被告のために原告訴訟代理人として結託したということだ

通常の報酬形態からしても不思議な現象というほかない

ボランティアで参戦しているのだろうと推察されるが、では一体何のために？？？

そして、ある一つの離婚事件について、訴訟外の現場でビラ配りが行われたというのも不思議の極みである

一体、その事件当事者とどういう関係があるというのだろうか

ある夫婦が離婚するという現象が、一体どんな影響を及ぼすというのだろうか

「フレンドリーペアレントルールを主張する者は、DV夫でなければならない」命題に固執しているのではないだろうか

共同親権制が世界の標準だが、その運用の要が、フレンドリーペアレントルールの徹底である

たしかな学びと正確な知識を大衆が知ることで、それは容易に実現できるのである

かつて、女性は権利の主体ではなかった　財産権も選挙権もない

であれば、親権だって当然単独だったろう　しかし、個人の尊厳を守る上で、父と母という二人の親が対等に尊重されるということは、一番わかりやすい人権の教科書になるそれぞれが大切に尊重される個人であることを前提とすれば、お互いの尊厳が衝突することは当然起こり得るわけで、その時どういう調整をしていくかということこそが、人権を理解する上で大切な要素である　現状の調整方法は、あまりにもずさんである

一方の親らしさを否定することで解決したことにするとても野蛮な方法である

それが、子どもにとっても痛ましく残酷な方法であることを人類は知恵として獲得した

人類は賢い

日本人だって、同じくらい賢いはずだ

子どもに優しい、人権が守られる社会へ、日本が変わるのである》

イデオロギーに支えられたビジネス集団

この女性弁護士がブログで提示した数々の疑問についての答えはすでに説明したとおりだ。「実子誘拐」ビジネスという利権を維持すること、これが卒田さんに対する「集団リン

チ」を生んだのである。

三十九人もの人権派弁護士らが《「フレンドリーペアレントルールを主張する者は、DV夫でなければならない」命題に固執》したのは、卒田さんの「親らしさを否定」することで、社会的に抹殺するとともに、自らの認知的不協和を解消しようとしたからだ。

彼らは、「実子誘拐」を行っても罪の意識を感じないよう、とんでもない「妄想」を作り出した。その妄想を文字に起こして「見える化」したのが、鈴木隆文弁護士らの著書『ドメスティック・バイオレンス』である。

これはもはや「イデオロギー」である。イデオロギーとは何か。

『知恵蔵』の解説を要約すると「イデオロギーとは、政治や社会のあるべき姿についての理念の体系である。イデオロギーに帰依《きえ》した人間は純粋でかたくなな行動をとることから、イデオロギーは宗教にたとえられる。二〇世紀に最も影響力を振るったマルクス主義イデオロギーを奉じる人々の中にそうした行動が目立ったことからも、イデオロギーについてのそのようなイメージが広がった。イデオロギーには虚偽意識（真実を覆《おお》い隠す呪文）という側面もある」とのことである。

この「イデオロギー」と呼ばれる、「真実を覆い隠す呪文」の恐ろしさについては、第五章で改めて述べる。次章以降は、このイデオロギーに支えられた「実子誘拐」ビジネス集団が、いかにこの国を乗っ取ってしまったのかを説明したい。

そして、この集団の中心には、卒田さんが名誉毀損で訴えた三十九人がいる。前章と本章で、卒田さんの事件をまず取り上げたのは、そういった理由からである。

人権派弁護士や天下り裁判官らは、「松戸判決」を死に物狂いで封じ込めようとしたが、完全に葬り去ることはできなかった。そして、娘との約束を果たそうとする、ある意味、往生際が悪い卒田さんの悪あがきにより、扉はまた開いたのだ。

彼の力で開いた扉を二度と閉じさせてはならない。

国民の多くが真実を知り、「実子誘拐」ビジネス集団と闘うために立ち上がれば、彼らから我々の国を取り戻すことは可能である。そう信じたい。

先の女性弁護士が書いているように、

《人類は賢い。日本人だって、同じくらい賢いはず》である。

そして、「実子誘拐」のない、《子どもに優しい、人権が守られる社会へ、日本が変わる》のである。

第三章

ハーグ条約を〝殺した〟人権派弁護士

人権派弁護士が「実子誘拐」を指南

二〇二〇年三月二十四日の参議院法務委員会で、驚くべき事実が報告された。

二〇一八年五月十五日、パリにおいて、外務省と日本弁護士会が「国際結婚に伴う子の親権（監護権）とハーグ条約セミナー」を開催し、「実子誘拐」を指南したというのだ。

ハーグ条約とは、正式には「国際的な子の奪取の民事上の側面に関する条約」といい、国際的な「実子誘拐」問題を解決するため、子どもの元居住国への返還手続きや親子の面会交流の実現などについて定めたものである。日本は二〇一四年に加盟している。

このセミナーにおいて、日弁連から派遣された芝池俊輝《しばいけとしてる》弁護士が、フランス在住の日本人（主に母親）に対し、ハーグ条約について講演した。

芝池弁護士は、国連子どもの権利委員会委員の大谷美紀子弁護士とともに「国際人権法実践ハンドブック」を書くなど、「人権派弁護士」として広く知られる人物だ。

その人権派弁護士がパリで話した内容が、参加者によりすべて録音されていた。その録音内容を聞くと、「ハーグ条約の趣旨に沿い、子どもを第一に考え、夫婦できちんと離婚後のことを話し合いましょう」と諭《さと》す内容ではまったくない。

「いかにハーグ条約の適用を受けずに、日本に子を連れ去るか」という子どもの権利を侵害する手法を具体的に指南するものだった。

たとえば、こんな調子である。

「皆さん、知りたいのは、いざ日本に帰った場合に、そのまま仮にハーグ条約を（盾に訴えを）起こされても、戻さなくて済むんじゃないかと……これから少し話をしたいと思います」

「私、もうこれで、全部返還拒否事由が満たされません。どれもダメでした。じゃあ、仮に日本で裁判起こされたら絶対返還ですかというと、そうではありません。……いい取決めをして、戻るなり戻らないってことをしていく、というのが日本の裁判所、日本のハーグの事件の特色なんです。……諦める必要はありません」

などと述べている。

四十五条のハーグ条約のなかで、子の返還拒否事由を規定しているのは二条ほどである。そのことから明らかなとおり、返還拒否は条約の主眼ではない。極めて例外的な特殊事情がある場合にのみ認められるものだ。「実子誘拐」を防止するための条約なのだから当たり前である。

にもかかわらず、芝池弁護士は、その極めて例外的な場合にしか認められないはずの規定の適用を受けるためにどうすべきか、延々と三十分説明したのである。「実子誘拐指南」

と言われても仕方がないだろう。

では、どうやれば「実子誘拐」ができるのか。以下、芝池弁護士の説明を引用する。

「条文を簡単に見ておくとですね、条文、ここは大事なので見ておきましょう。……二十八条ってのがあります。二十八条ってのが返還拒否事由なんですね。ここに書いてあるようなことがあれば子どもを戻さなくてもいいですよ、っていう条文です」

「で、この二十八条……を見ると、『常居所地国に子を返還することによって、子の心身に害悪を及ぼすことその他子を耐え難い状況に置くこととなる重大な危険があること』と書いてますよね。……これだけ見ると、別にお母さんへのＤＶって入ってないわけですけれども……〝相手方及び子が常居所地国に入国した場合に相手方が申立人から子に心理的外傷を与えることとなる暴力等を受けるおそれ〟って書いてあります。

相手方って、これお母さんです。皆さんのことです。相手方です。ハーグ条約をされる相手です。連れて帰るほうです。相手方と子どもが、もしフランスに今後戻ってきた場合に、夫のほうの申立人から、子どもに影響があるような暴力を受けることがあるかどうかっていうことが一つの判断要素になります、って書いてあるんです」

ハーグ条約の条文を読んだことがある人であれば、この芝池弁護士の説明に疑問を持つはずである。なぜならば、ハーグ条約には、返還拒否事由として、配偶者暴力（ＤＶ）については一切規定がないからだ。

ハーグ条約に日本が仕掛けた罠

ハーグ条約は、あくまでも子どもの利益を第一に考える条約である。

したがって、夫婦の関係は子どもの返還の決定に無関係。夫婦の一方が不貞行為をしていたかどうか、配偶者暴力をしていたかどうかは関係ない（仮にDVがあったとしても、夫婦が別居して共同養育にすれば問題は解消されるのであり、いずれにせよ返還拒否事由になり得ない）。子どもに対する暴力のみが考慮される。

ハーグ条約第十三条「返還することによって子が身体的若《も》しくは精神的な害を受け、又は他の耐え難い状態に置かれることとなる重大な危険があること」という規定がそれである。

子が心身に害悪を受ける状況とは、たとえば児童虐待を受けている場合であり、耐え難い状態とは、たとえば元住んでいる国が戦争状態になっている場合などである。このように、ハーグ条約は明らかに子の利益が害されると認められる場合にのみ返還拒否を認めている。

しかし、日本はハーグ条約締結後、条約を実施するための国内法（国際的な子の奪取の民事上の側面に関する条約の実施に関する法律）を作る際に細工をした。

なんと、ハーグ条約第十三条がまったく想定していない「ＤＶ」を返還拒否事由に入れてしまったのだ。

芝池弁護士の説明のとおり、国内実施法第二十八条を見ると、ハーグ条約に基づく子の返還拒否を認める判断をするにあたり、「相手方及び子が常居所地国に入国した場合に相手方が申立人から子に心理的外傷を与えることとなる暴力等を受けるおそれの有無」を考慮するよう規定してある。

なぜ、ＤＶが子どもの利益を侵害するのかといえば、ＤＶを子どもの前でやることは子どもに「心理的外傷」を与えるので「児童虐待」に該当し、「子が心身に害悪を受ける」という理屈のようである（日本では、これを「面前ＤＶ」と呼んで児童虐待としており、児童虐待防止法にも規定されている）。

いずれにせよ重要なのは、「ＤＶを受けるおそれの有無」を判断するのは日本の裁判所ということだ。では、日本のＤＶ判断基準とはどのようなものか。

日本の政府広報によると、ＤＶ行為の例として「大声でどなる」「何を言っても長時間無視し続ける」などが挙げられている。

どういうことか。妻の浮気の証拠を見つけた夫が「大声でどなった」らＤＶになり、子どもがその場にいたら「児童虐待」になる。また、夫婦喧嘩で両方が大声でどなりあっていた場合であっても、妻が子どもを連れ去り、ＤＶを受けたと訴えて裁判所にかけこめば、裁判所は夫にＤＶがあったと事実認定し、連れ去りを容認する。これが日本の裁判所の運用である。

外国から「実子誘拐」をして帰国した日本人の親がＤＶを受けたと主張し、二十八条に基づいて返還拒否の申立てをすれば、日本の裁判所が日本のＤＶ判断基準に基づき、返還拒否の是非を決められる。

しかも、二十八条を見れば明らかだだが、暴力等を受ける「おそれ」があればよい。「おそれ」という言葉は、どこまでも拡大解釈できるおそろしい言葉である。そして、その「おそれ」を判断するのも、日本の裁判官なのだ。

つまり、日本の裁判所の敷地内に一歩でも入れば、ハーグ条約などの国際的ルールは一切適用を受けないということになる。人権派弁護士らがやるいつもの「あくどい手口」に基づき、親に子を誘拐させ、でっちあげたＤＶの証拠を持って帰国させられれば、日本の裁判官が返還拒否を認めてくれる。

芝池弁護士はセミナーで、この二十八条の適用を受けるために、次のようにフランスにいる日本人に説明している。

「（DVの）きちんとした証拠を持って帰って来ることも大事です。たとえばフランスの病院に行って、きちんと診断書を書いてもらうとか、あるいはシェルターに入っていたならばシェルターの方に証明書を書いてもらうとか、警察に行ったならば警察に相談した履歴記録等を書いてもらうとか……そういった証拠をちゃんと持って帰るってことが必要です」

いくら日本の裁判官であっても、何も証拠がないのにDV認定するのは難しい。特に、ハーグ条約のケースは国際社会も見ている。それゆえ、「それっぽい」証拠を持ってきてもらえると助かるのである。

でっちあげDV三点セット

芝池弁護士の提示した三つの「証拠」は、日本国内で人権派弁護士らがDVの捏造《ねつぞう》を指南する時に利用する三点セットである。

病院の診断書は、卒田さんが言うように「ストレス性腸炎」などの病名で頼めばすぐに発行してもらえる。DVシェルターに「入っていた」という事実も、日本の裁判所では証拠になる。警察や婦人相談所へ「相談した」という事実も証拠として使える。この三点を使えば、まったくDVがなかったとしても簡単にDVの証拠を捏造できるし、日本の裁判所はDVの事実認定をしてくれる。

つまり、芝池弁護士が言いたいことは、自分の指導に従い日本に子どもを誘拐してくれば、あとはDVを子の返還拒否事由に入れ込んだ「国内実施法」と、虚偽のDVでも事実認定する「日本の裁判所」の運用とを利用して、子どもを返還しないで済むのだ、ということだろう。

二〇一一年、米国ABC放送で日本人による「実子誘拐」が報道された。そのなかで、日本人の妻が子を誘拐し、日本に帰国したあとに米国人の夫に宛てたメールが出てくる。そのメールには、「Now it's time to start this game in Japanese rules」（さあ、日本のルールでゲームを始めるよ）と誇らしげに書いてある。

これは、ハーグ条約に日本が加盟する前のやりとりだが、現在も状況はほとんど変わりがない。日本はハーグ条約に入ったにもかかわらず、ハーグ条約加盟前と同様に「日本のルール」で「実子誘拐」ができる。まさに、芝池弁護士が言うとおり、これが「日本の裁判所、日本のハーグの事件の特色」なのだ。

いみじくも上記のメールに書いてあるように、「実子誘拐」犯とその支援をする人権派弁護士らにとって、これは「ゲーム」である。そして、彼らがゲームを楽しむしわ寄せを最も受けているのが子どもたちなのだ。

このハーグ条約を骨抜きにする国内実施法を策定した経緯については、二〇一四年五月九日の公明新聞の記事で明らかにされている。この記事には「ハーグ条約国内実施法　法律制定　そのとき公明は~子の利益守り、ＤＶ被害者への支援強化盛り込む」との見出しで、外務省出身の山本かなえ元厚生労働副大臣らの活躍などが書かれている。

その記事のなかには、「条約締結に当たり、懸案とされる事項を国内実施法でいかに解決していくか。公明党は法整備の議論では、ＤＶ被害者など、条約締結を不安視する国民の声に一つ一つ対応していった。その取組みの中で『子の心身に重大な危険がある時』は返還を拒否できる規定の実効性の担保を主張。懸念事項について政府と数度にわたる折衝を重ねる中で法案に盛り込まれていった」旨《むね》の記載がある。

なお、この記事には、国内実施法制定時にハーグ条約を骨抜きにするために尽力した公明党に感謝する文章を、シェルターネットの土方聖子《ひじかたきよこ》が寄稿している。

人権派はなぜハーグ条約に反対するのか

土方といえば、虚偽ＤＶのビラを撒《ま》いたことにより卒田さんから名誉毀損《きそん》で刑事告訴され、さらに民事で訴えられた者として挙げられている人物だ。公明新聞の記事のなかで土方は、「条約の締結方針を発表した当時は、私たちが意見を言う場がありませんでした」と言っている。土方たちはハーグ条約締結に反対したにもかかわらず、ハーグ条約が締結された経緯がある。

ハーグ条約を日本政府が締結する際に反対派が結成した「ハーグ慎重の会」のメンバーを見ると、シェルターネットのメンバーのほか、名誉毀損の被告として挙げられている赤石千衣子や弁護士の本田正男などの名前を見ることができる。同じく、被告である千田有紀の学生時代の指導教官である上野千鶴子《ちづこ》の名前もある。

なぜ、彼女らはハーグ条約に反対するのか。

「ハーグ慎重の会」メンバーであり、人権派弁護士の一人である吉田容子《ようこ》弁護士が、日弁連「両性の平等に関する委員会」の機関紙で、ハーグ条約批准《ひじゅん》が「国内の『子連れ別居』事案への重大な影響」を与えると言っているように、その理由は、国内の「実子誘拐」ビジネスに多大な影響が及ぶからである。

ハーグ条約を締結し、国家間の「実子誘拐」を禁止しておきながら、国内の「実子誘拐」を禁止しないということは常識的に考えてありえない。当然、両者の矛盾を解消する方向に法制度や裁判運用が変わる。そうなると、国内の「実子誘拐」ビジネスができなくなるということだ。

そのような状況に置かれた彼女らは、驚くべきやり方でその矛盾の解消を図った。つまり、日本のローカル・ルールを世界のルールに合わせるのではなく、日本のルールを世界に適用させようとしたのだ。

一九八三年にハーグ条約が発効し、四十年近くが経過。すでに九十カ国以上が加盟していたハーグ条約に、あとから入ってきた日本が独自の「日本ルール」を条約のスキームに持ち込む――。まさに逆転の発想だ。

条約締結決定後、彼女らは与党となった公明党とその背後にある創価学会に近づき、ハーグ条約を徹底的に骨抜きにするよう国内実施法に細工をすることに作戦を変更した。

なお、人権派弁護士らは、内輪の機関紙では本音を漏《も》らしても、公に「『実子誘拐』ビジネスを維持したいから、ハーグ条約を骨抜きにした」とは口が裂けても言わない。それに代わり、「DV」をおためごかしに言うのである。

二〇一三年六月十三日の『赤旗』の報じるところでは、吉田容子も参議院法務委員会で、「DVから逃れるために外国から子どもをつれて帰国した場合でも子どもが元いた国に戻されてしまう懸念がある」と言っている。

かくして、彼女らの作戦は大成功に終わる。そして、骨抜きになったハーグ条約の「穴」を教え、外務省の支援の下、引き続き国家間での「実子誘拐」を続けさせるよう日本人を唆《そその》かす伝道師が、芝池弁護士というわけである。

外務省と二人三脚、芝池弁護士の正体

芝池弁護士のプロフィールを見ると、特定非営利活動法人「ヒューマンライツ・ナウ」理事であることがわかる。彼は、この法人の立ち上げ当初より、事務局スタッフとして国内外の様々な人権問題に取り組んできたそうだ。

そして、この法人を率いているのは、ハーグ条約批准反対をNHKなどを通じて強硬に主張し続けていた伊藤和子《かずこ》弁護士。その人物の下で働いていた芝池弁護士が「ハーグ条約セミナー」を任されれば、「ハーグ条約抜け穴セミナー」になることは当然の帰結だろう。

不思議なのは、上記セミナーについて追及を受けた法務委員会時の外務省の答弁だ。外務省の山中修参事官は、このセミナーの目的を「子どもの連れ去り問題に関して多くの方々の正しい理解を促進し、子どもの連れ去りを未然に防止すること」と明確に示したにもかかわらず、「主催者の我々としては、こうした目的が達成されたものと期待しております」と堂々と答弁している。

日本は「子どもの拉致《らち》国家」というイメージが、国際社会において定着しつつある。そのようななか、外務省がハーグ条約の抜け穴を教え、「実子誘拐」を指南したセミナーを評価する答弁を国会で公式にしたことは、屈辱的なセミナーを自国でやられたフランスをは

じめ、国際社会において大きな外交問題になる火種を作ったといえる。

外務省は、外交問題になるおそれがあるにもかかわらず、なぜ芝池弁護士をここまで擁護するのか。

芝池弁護士のホームページを見ると、外務省とのただならぬ関係がよくわかる。

芝池弁護士は、外務省の子の連れ去り事案に関する電話相談（ハーグ条約・パイロット事業）担当弁護士などを務めているほか、フランスの当該セミナーに先立つ二〇一四年、在イギリス日本大使館主催の「ハーグ条約セミナー」の講師も務めている。

国内においても、二〇一六年から二〇一七年にかけて、外務省主催の「ハーグ条約セミナー」の講師を計六回も務めている。

このような「実子誘拐」指南の講演内容について、外務省がまったく把握していないとは思えない。実際、フランスのセミナーにおいては現地の領事部長も同席し、芝池弁護士を「その道のプロの先生」と持ち上げている。外務省と二人三脚で、「実子誘拐」指南セミナーを国内外で行ってきたのだと考えざるを得ない。

ちらつく公明党・創価学会の影

なぜ、ここまで外務省は、「実子誘拐のやり口」を堂々と教える芝池弁護士を大切にするのか。

その答えとも考えられるのが、彼のバックグランドである。

『第三文明』の二〇一五年五月号を読むと、「ＳＯＫＡグローバルアクション」として芝池弁護士が創価学会学生部主催のシンポジウムで講演している。

創価学会員でない者が学生部主催の会合で講演する可能性もないわけではないので、彼が学会員かどうかの断定はできない。ただ確実に言えるのは、芝池弁護士と公明党・創価学会はかなり近い関係にあるということだ。

そして、公明党・創価学会は、外務省とも非常に近い関係にある。

たとえば、上記の公明新聞のなかで、シェルターネットの土方は「山本（かなえ）議員や大口（善徳《よしのり》）議員ら公明党の皆さんが一番私たちに親身に対応してくださり、何度も外務省につないでいただきました」と書いている。

それで思い出したのが、ある講演録だ。その講演録などによると、一九七〇年代、創価学会は、官僚や法曹界など、国家権力の中枢に学会員を送り込み、創価学会があらゆる分野で世界を牽引《けんいん》していく『総体革命戦略』を打ち出したという。

特に重視したのが法曹界と外交官で、国家試験を突破させるために、学生部に「法学委員会」といった勉強会サークルを発足させるとともに、司法試験に合格した学会員は「自然友の会」「旭日グループ」、外交官や外務省採用試験に合格した学会員は「大鳳会《おおとりかい》」という組織で統轄されているという。

この講演内容の真偽を確かめる術《すべ》は私にはない。また、仮に真実であっても、それ自体が直《ただ》ちに問題となるわけではない。しかし、仮に創価学会が送り込んだ法曹界と外交官の人材が共謀し、日本人による「実子誘拐」を国内外で行うことに加担した結果、世界各国から「子どもの拉致国家」と非難されるほどの国益の損失を招いているのであれば、それは極めて大きな問題だ。

二〇一九年十二月号の『第三文明』で「子どもの権利条約30周年」を特集しているように、創価学会は子どもの権利擁護に熱心な団体。公明党も然《しか》りである。にもかかわらず、このような子どもを痛めつける悪事に加担しているのであれば、それは「実子誘拐」ビジネス勢力に騙されているとしか考えられない。「実子誘拐」や親子の関係断絶は、前述のとおり子どもの権利条約九条に違反する重大な人権侵害だ。

そのことに早く気づき、早急にそのような勢力と手を切り、子どもの権利の擁護者としての本来の姿を取り戻してもらいたい。

同様のことは外務省にも言える。

外務省は、「実子誘拐」ビジネス勢力などに蹂躙《じゅうりん》され、本来の役割を完全に見失ってしまっていると言わざるを得ない。

彼らの頸木《くびき》から早急に脱し、ハーグ条約違反のおそれの高い国内実施法二十八条の改正を早期に行うとともに、法務省を通じ、最高裁判所に対して、「実子誘拐」や親子断絶は人権違反であり、国際ルールに違反すると伝え、早急に裁判の運用を改めるよう求めるべきである。

一刻も早く正常な機能を取り戻してもらいたい。

第四章

「片親疎外」という児童洗脳

「実子誘拐」を認めた最高裁

二〇二〇年七月八日、ＥＵ議会は「日本人による実子誘拐・面会交流妨害禁止」などを要請する対日決議を採択したが、外務省は会見でその決議内容を全否定した。外務省の会見を見るかぎり、外務省が「実子誘拐」を推進する弁護士らとの関係を断ち切る気はないようだ。

二〇二〇年四月十六日、芝池弁護士の指南どおりにやれば、「実子誘拐」が成功することを確認できる判決が最高裁で出た。

この裁判では、二〇一六年、日本人の母親が子どもをロシアから連れて日本に入国したケースが争われた。ロシア人の父親が条約に基づき子どもの返還を申し立て、調停で子どもをロシアに戻す合意が成立した。

しかし、その後、子どもが「行きたくない」と主張していると母親が訴え、調停の不成立を求めたところ、最高裁は「調停による合意は変更できる」と判断。母親の訴えを退けた二審東京高裁決定を破棄し、子どもの返還拒否を決定。審理を高裁に差し戻した。最高裁裁判官は三つの問題ある判断をすることで、「実子誘拐」を認める結論を導き出したのだ。

その三つとは、ハーグ条約の抜け穴を作った「国際的な子の奪取の民事上の側面に関する条約の実施に関する法律（国内実施法）」の悪用、「子の意思」の事実認定におけるデュー・プロセス（適正手続の保障）違反、「法の支配」の放棄である。

以下、一つずつ詳細に検討する。

日本政府がハーグ条約の国内実施法を制定する際に細工をし、返還拒否事由にハーグ条約にまったく規定のないDVを入れたことを前章で指摘した。

しかし、細工したのはそこだけではない。国内実施法を見ると、「家事事件の手続に関する特則」なる章を設けて調停の手続きを規定している。この規定は、ハーグ条約の趣旨に明らかに反する。

たとえば、ハーグ条約は、子どもが連れ去られた国の裁判所などが、子どもの返還決定を迅速（原則六週間以内）に行うことを義務づけるとともに、子どもの監護権についての決定を行うことを禁じているが、日本の裁判所は国内実施法を悪用し、調停の場で監護権について時間をかけて決定している。

芝池弁護士は、パリで開催したセミナーで次のように述べている。

「ハーグの裁判が起こされると、基本的に日本の裁判所は、調停っていうのを開きます。夫も基本的には日本に来て話し合いをします。仮にフランスに戻った場合には、お母さんどうやって生活しますか、子どもをどうやって監護しますかってことを考えさせられます。

仮に日本に残った場合には、お父さんどうしますか、日本に会いに来ますか、子どもさんとどうやって会いますかってことを問いかけます。そんなことを時間かけてやるんです。なので、実際、ハーグ裁判で決まるわけではなくて、話し合いをするなかで、よい条件、いい取決めをして、戻るなり戻らないってことをしていく、というのが日本の裁判所、日本のハーグの事件の特色なんです」

「特色」ではなく、「悪用」だろう。「裁判所は、国内実施法がハーグ条約を骨抜きにしたものと知らずに忠実に適用しているだけであって、悪用しているなどと非難される筋合いはない」との反論があるかもしれない。

しかし、実はそうではない。ハーグ条約を骨抜きにする国内実施法を作るにあたり、主な役割を担《にな》ったのは裁判官だからである。

日本ルールに嵌められた父親たち

どういうことか。

判検交流という言葉をご存じだろうか。裁判官が検察官に身分を変え、行政の職員になる制度のことを言う。この三権分立に反する仕組みのおかげで、法務省民事局の幹部の大半は裁判官で占められている。

そして、国内実施法は、法務省民事局が外務省とともに原案を作成し、国会に提出したものである。つまり、裁判官が事実上、国内実施法を作成したのだ。

この法律は、国際的な「実子誘拐」事件であっても裁判官が引き続き日本の裁判所ルールで処理できるよう規定するとともに、裁判官が解釈と称し恣意的《しいてき》に運用できる余地を数多く含んだ規定となっている。裁判所にとって極めて有利な法律となっていることは偶然ではない。いずれ裁判所に戻る出向者が、裁判所で使いやすい法律にするのは自明である。

最高裁事務総局にいた経験のある瀬木比呂志《せぎひろし》元裁判官が、「日本の裁判所の最も目立った特徴は、事務総局中心体制であり、それに基づく、上命下服《じょうめいかふく》、上意下達《じょういかたつ》のピラミッド型ヒエラルキーである」と述べているように、法務省に出向している裁判官は最高裁のコントロール下にある。したがって、この骨抜きになった国内実施法作成過程に最高裁の意向が反映しているのは疑いない。

最高裁の裁判官らは、国内実施法の調停の規定を根拠に子どもの返還拒否を決定した。この判決は、最高裁による自作自演と言ってよい。

ロシア人の父親の一番の失敗は、調停に応じたことである。裁判官らも、さすがにハーグ条約違反の調停条項をそのまま国内実施法に入れることはできなかった。そこで、両者の「合意」があれば調停できると規定した。したがって、この父親は母親側の調停の提案に応じなければよかったのだ。

話し合いもせず子どもを誘拐した配偶者が、話し合いを提案してきたことに疑問を持たず、提案に応じてしまうお人よしは騙されて泣きを見るのが、「日本の裁判所、日本のハーグの事件の特色」である。

第二の問題は、「子どもが『行きたくない』と主張した」ことを理由に返還拒否決定をした点である。

これは一見問題なさそうに見えるだろう。ハーグ条約にも、「子が返還されることを拒み、かつ、その意見を考慮に入れることが適当である年齢及び成熟度に達していると認める場合には、子の返還拒否が可能」との規定がある。

しかし、ハーグ条約は原則六週間以内に返還決定をすることを前提としている。ハーグ条約は、調停などにより何年も親子が引き離された状態になることを想定した規定になっていない。

数週間しか一方の親から引き離されていないのであれば、「その親と会いたくない」との子どもの意思を額面どおり受け取っても問題ないが、そうでない場合、「子の意思」については極めて慎重に判断しなければならない。

この事件では、日本人の母親は最高裁判決の四年前にあたる二〇一六年に子どもを連れて来日している。子どもが「行きたくない」と発言したのがいつかはわからないが、調停終局後に言い出したということだから、誘拐後、半年以上経過しているのはほぼ間違いない。とすれば、「片親疎外《かたおやそがい》」となっている可能性が高い。「片親疎外」のおそれがあるケースでは、精神科医や臨床心理士などの専門家からの意見を踏まえなければならないが、報じられている記事を見るかぎり、そのような手続きを経た形跡はない。そうだとすれば、デュー・プロセス違反であり、手続きに瑕疵《かし》があったと言わざるを得ない。

「片親疎外」をけしかける弁護士

「片親疎外」とは、「別居親に対する同居親の拒否的な態度を共有する子どもが、以前は愛情のある関係を結んでいた別居親らを、正当な理由なしに嫌悪して拒絶すること」と定義される。

この片親疎外は、一方の親と引き離された子どもに生じる。

『離婚毒―片親疎外という児童虐待』の著者であるウォーシャック博士は片親疎外を「洗脳」と呼び、以下のように述べている。

「あらゆる洗脳の前提条件は、対象者を支援者からある程度引き離すことです。隔離を成し遂げる一般的な手段の一つは、子どもを標的にされた親と会わせないことです。要するに、別居親の愛情や関心を子どもに知らせないようにするのです。

そうすると、子どもは別居親に見捨てられたと感じ、悪口や罵詈雑言《ばりぞうごん》を浴びせる同居親への依存を強めてしまいます。誕生日カードや祝日の贈り物が届かないと、子どもは見捨てられたと感じ、自分を失望させた別居親に対する怒りを抱きます」

欧米の裁判官は、このような行為を児童虐待とみなし、厳しい態度で臨んでいる。たとえば、米国のフェダー裁判官は離婚訴訟において以下のように判示し、母親の監護者としての適格性を否定している。

「当裁判所は、子どもが示す父親に対する根拠のない頑迷な敵対心が、母親によって耕された土壌から育ったことに疑いを挟む余地はないと考える。当裁判所は、非監護親への愛情や尊敬の念を子どもに教える監護親としての義務を、母親がまったく果たしていないことを確信している。それどころか、ひどいことに、彼女は子どもの心にゆっくりと一滴ずつ毒をたらし、当裁判所の力では解毒剤を見出《みいだ》せないほど大量の毒を投与してきた」

日本の裁判官は、欧米の裁判官とは真逆の対応をしている。

「子どもが会いたくないと言っている」と聞けば、何の検証もせずに事実認定し、それを口実に返還拒否を認めたり、「実子誘拐」を行った親を親権者として指定したりする。このような裁判官の運用方法を悪用し、子どもを洗脳するようけしかけるのが人権派弁護士だ。

たとえば、芝池弁護士はセミナーで「子どもが嫌だって言ってる場合、拒んでる場合には、返還しなくてもいいという条文があるんです。子どもがフランスに返還されることを望んでないことってところがポイントです」などと、どのように子どもに言わせれば返還拒否の決定を日本の裁判官が出すかを懇切丁寧に説明している。

二〇一七年二月二十八日、日経新聞に掲載された記事に、「お父さんと会うのはイヤ。毎月100万円くれるなら会ってもいい」と書かれた小学校二年生の娘の書面を、別居中の妻の弁護士から送りつけられた男性の話がとりあげられている。

二年前に誘拐される日の前日まで、この男性は、娘と同じ布団《ふとん》で寝ていたほど仲が良かったという。典型的な片親疎外のケースであるが、裁判官は娘との面会を求める父親に対し、「長女が拒んでいるので面会は認められない」と諦めるよう促《うなが》した。

これが日本の司法だ。

「拉致司法」と非難される理由

第三の問題は、法に基づき取り決めた合意を反故《ほご》にしたい、と主張する身勝手な母親の主張を裁判官が全面的に認めたことだ。こんなことが許される国を法治国家と呼ばない。最高裁は「法の支配」を自ら放棄したのである。

この裁判について報じられているところによると、「国内実施法では子の返還を命ずる『終局決定』が確定しても、事情の変化が生じた場合は変更できると規定。ただ、夫婦間の調停で同様に変更できるか規定がなかった。最高裁は『裁判所の決定と合意の効力は同じだ』とし事情の変化により合意を見直せると判断した」のだという。

たしかに、国内実施法百十七条に「子の返還決定を裁判所が確定した後に、事情の変更があると同居親が申し立てれば、終局決定を変更できる」旨《むね》の規定がある。しかしこの規定は、大きな問題を含む。裁判所が子どもの返還を命じても、「実子誘拐」をした親がそれに従わなければ、終局したはずの決定をいつでもひっくり返すことができるからだ。

これでは、「実子誘拐」をした親に「裁判所の決定が出ても従うな」と言っているようなもので、実際にこの規定を悪用する事件が相次いでいる。

ハーグ条約は迅速に子どもの返還手続きを進めることを規定しており、「事情の変更」が生じるはずがない。この百十七条自体が条約違反のおそれが高い。

この最高裁判決がさらに問題なのは、この百十七条の規定を調停にまで「類推適用」したことで、国内実施法のどこにも書いていない規定を解釈と称し、事実上立法化してしまった点である。条約違反のおそれのある国内実施法を作った挙句、その法律にすら規定していないルールを裁判所が勝手に作り、他国から誘拐された子どもを返還させないとの結論を無理やり導く。これを条約違反と言わずして何と言うのか。

日本の裁判所は、諸外国から「拉致《らち》司法」と厳しく非難されているが、二〇二〇年四月十六日に出た最高裁判決は、その非難が的を射ていることを証明してしまった。しかも今回、子どもはロシアから誘拐されている。これまで、ロシアは表立って日本の「実子誘拐」を抗議してこなかったが、これでロシア政府をも敵に回したと言えるだろう。

掟破りの母親たちと「妄想」判決

実は、最高裁がこのようなハーグ条約違反の判決を出すのは初めてではない。

二〇一四年、米国から子どもを連れて来日した日本人の母親が、約束に反し米国に帰国しなかったことから、米国人の父親がハーグ条約に基づき、子どもの返還を申し立てた。

二〇一六年、大阪高裁は条約に基づき、子どもを米国に返還するよう命ずる決定をし、終局した。普通であれば、子どもが返還され一件落着だ。しかし、この母親は返還命令に従わなかった。そこで、裁判所の執行官が子どもの返還の執行を試みたが、その母親は徹底的に抗戦し、失敗に終わった。その結果、裁判所は「執行不能になった」として勝手に終了してしまった。

この母親は、そのうえで例の国内実施法百十七条に基づき、「事情の変更がある」として子どもの返還拒否を裁判所に申し立てた。裁判所をここまでコケにしておきながら、その裁判所に自らに有利な判決を出すよう申し立てた行為に驚きを禁じ得ないが、さらに驚くのは、最高裁がその母親の主張を全面的に認め、子どもの返還拒否を認める判決を下したことだ。

「事情変更」の具体的中身として、「父親が失職し子が米国に返還されると『経済的不利益』を被《こうむ》る」ことを挙げているが、これはおかしい。

もし「経済的不利益」が「子の不利益」になると裁判官らが本気で考えているのであれば、定職もない母親らになぜ親権を与える判決をこれまで出してきたのか。「経済的不利益」云々《うんぬん》は、子どもを返還させないためのレトリックでしかない。

森炎元《もりほのお》裁判官は共著『虚構の法治国家』のなかで、裁判官について「妄想としか言いようがないところまで、観念による操作を膨らませていくのですね。そうすることで有罪に到達するわけですが、逆に言えば、そうしないと有罪にできないということでもあります」と述べている。

この最高裁判決を見れば、森元裁判官の言わんとすることがよくわかる。

この事件は、ウォール・ストリート・ジャーナルなどにも取り上げられた。米国が日本を「ハーグ条約不遵守国《ふじゅんしゅ》」と認定する要因となった有名なケースである。

この最高裁判決は二〇一七年十二月二十一日に出されたが、二〇一七年はこの事件以外にも話題となった「実子誘拐」関係の裁判所決定が二件ある。

一件は、卒田さんの百日面会交流提案訴訟である。

同年一月二十六日、東京高裁は、「実子誘拐」の被害者である父親（卒田さん）を勝訴させた一審の千葉家裁松戸支部の判決（松戸判決）を覆《くつがえ》し、父親を逆転敗訴させ、七月十二日、最高裁は父親の上告を不受理とした。

東京高裁は「継続性の原則」に基づき、父親の留守を狙い「実子誘拐」を行った母親を親権者とした。

もう一件は、同年九月五日に出された富山家裁の決定である。

富山家裁は、米国に住み監護権を有しない日本人の母親が、在米日本大使館に虚偽の申請を行い、子どもの旅券を不正に取得し、子どもを誘拐して日本に入国したにもかかわらず、監護権を有する米国人の父親による子どもの引渡しの申立てを「子の現在の平穏な生活を奪い、意思に反する」などとして退けた。

つまり、「継続性の原則」と「子の意思の尊重」を適用したのである。さらにその裁判官は、「米国の監護権は日本の監護権とは異なるので、尊重する必要はない」旨の判断までした――。まったく何を言っているかわからない。おそらく、裁判官自身も何を言っているのかわからないのではないか。理屈などどうでもよいのである。

日本の司法が親子を引き裂く

二〇二〇年四月十六日の最高裁判決とこの三件の決定からわかるのは、「裁判所は法や判決に従わず、子どもの実効的支配を続ける身勝手な親の行為を正当化する決定を出す」ということである。

ルールを守りたくない、守るくらいなら死んでやると叫び、子どもを引き渡さない身勝手な親に寄り添うのが日本の裁判所だ。

芝池弁護士は、そんな裁判所の実態をストレートに伝えている。

「私、絶対戻ったら死んでしまいますとか、自殺、自傷に及んだりする危険性が極めて高いとか、こんな場合には、お母さんは戻らなくていいという事情が、返還拒否事由として考慮されてるというのが、いまの裁判所の現実です」

ハーグ条約には、どこにもそんな「返還拒否事由」は規定されていない。国内実施法もである。裁判官は条約にも法律にも反する運用をしているのだ。

なぜ、そんなことになるのか。

米国弁護士でもあるコリン・ジョーンズ同志社大学法科大学院教授は、著書『子どもの連れ去り問題―日本の司法が親子を引き裂く』において、「裁判所は国家機関の威厳を保ちながら如何《いか》に子の福祉を実現している体裁《ていさい》を整え効率よく事件を処理するかが日本の家事事件制度における課題である。とすれば子の現状を追認することが一番確実かつ簡単にできる事件処理方法となる」と述べている。つまり、裁判官にとって、「現状追認」がもっとも都合がよいのである。

二〇二〇年四月十六日の最高裁判決も、二〇一七年十二月二十一日の最高裁判決も、国内実施法に基づき子どもの返還を裁判所が決定したにもかかわらず、日本人の母親が抵抗し、子どもを引き渡さないため違法状態となってしまった。

日本国内で裁判所の判決が守られなければ、「国家機関の威厳が保てず」「子の福祉を実現している体裁が整わなく」なる。これでは裁判官のメンツは丸つぶれ。そこで慌てて、違法行為を働いた女性に対し、「よく見たら貴女の行為は違法ではありませんでした」と「合法」にしてしまったというわけだ。

この最高裁裁判官らの姿を見ていると、小説『星の王子さま』に出てくる王様を思い出す。

小さな星に一人だけで住んでいる王様が「何より大切にしているのは自分の威光に傷がつかない」こと。

すべての星が自分の命令に従うと豪語する王様に対し王子さまがお願いする。

「ぼく、夕日を見たいのですが……太陽に沈めと命令してください」

それに対し、王様はこう答えた。

「夕日は見せよう。命令する。だが、待つのだ。……今日の夕方の七時四十分ごろになる。そのときに太陽がわしの命令に見事に従うさまを見ることになるだろう！」

この王様の滑稽《こっけい》な姿と最高裁裁判官らの姿が重なって見えるのは筆者だけだろうか。

百日面会交流提案訴訟の高裁判決や富山家裁決定で「継続性の原則」などを適用したのも同様の理屈である。「実子誘拐」を行った親に子どもを引き渡せと決定を出しても従わない可能性が高い。その場合、違法状態が放置されることとなる。そのような事態になれば裁判官にとって「自分の威光に傷」がつく。それを防ぐためには、「継続性の原則」などのレトリックを駆使し、現状追認をするのが一番である。しかも、現状を追認するだけであれば、子どもの引き渡しの執行手続きなどもしないで済むので、極めて効率的に事務処理が進められる。

面会交流を拒否する驚きの理由

同じことは面会交流についても言える。

別居後、あるいは離婚後に子どもと引き離された親は、子どもと会う機会を作るため面会交流調停などを申し立てるが、仮に審判で面会交流の回数などが決定されたとしても、それを直接強制力をもって実行させる力は裁判官には与えられていない。

『彼氏をローンで買いました』というドラマのなかで、離婚し親権を獲得した母親が父親から面会交流調停を申し立てられ、次のように述べている。

「調停上等よ。この国はね、先進国で唯一、共同親権じゃなく単独親権なわけ。わかる？いくら訴えようが、私が『嫌だ』『アッカンベー』って言ったら会えないわけよ。理由なんてでっちあげればいいのよ。旦那がDVしたとか、息子が怖がって会いたがらないとか。会わせてなんかやるもんか。女はね、みんな女優よ。シングルマザーで健気《けなげ》に生きてる。泣きの演技で同情誘えば、ボランティア気取りの調停委員なんて、ちょろいちょろいのチョロQよ」

これほど見事に実態を描いたドラマは知るかぎりない。

では、このような女優顔負けの演技をするシングルマザーに調停委員や裁判官らが騙されているのかと言えば、それは違う。裁判官らは「騙されたフリ」をしているだけである。

裁判官らは、シングルマザーに対し、元夫と子どもとの面会交流を提案しても、彼女らに「嫌だ」「アッカンベー」と言われたら、それ以上何もできない。虚偽のDVだろうが、偽りの「子の意思の表明」だろうが、そのような主張をシングルマザーがしたら騙されたフリをし、「それではお子さんをお父さんに会わせられないですね」と慈悲深く言うのが、できる調停委員、できる裁判官なのだ。そのような裁判官らの実態を象徴する事件が、二〇一八年八月三十一日、国連人権理事会に報告されている。

報告されたのは、離婚に伴うある調停事件である。その事件を担当する裁判官が、子どもと引き離されて会えない父親に対して「これを受け入れれば子どもに会える」と言い、調停案を提示した。

その調停案には月に二回の面会交流が記載してあったが、「子どもが三七℃以上の熱を出した場合や子どもが望まなかった場合は面会交流を実施しない」との但《ただ》し書きがあった。この条項を取り除くよう父親は裁判官に抗議したが、裁判官は問題ないと主張したため、父親はこの調停案に同意し、離婚することとなった。

結果、父親が恐れていた状況になった。

面会交流の日が来るたびに、母親は但し書きを引用し、面会交流をキャンセルした。父親は十年以上子どもと会えていない。

父親を騙した裁判官と母親

話はこれで終わらない。

調停案を父親に提示する前、裁判官が母親側の弁護士に頼まれて、母親と密かに携帯電話で連絡をとり調停案を提案していたことが、離婚後、発覚した。

母親が裁判官に対し、子どもと父親との面会交流をさせたくないと強く言い張ったところ、裁判官は「調停案のなかに但し書き条項を入れることで、子どもを父親に会わせなくて済む」と説得を図った。

裁判官の説明に納得した母親は、満足して調停案を受け入れたのである。つまり、この裁判官は、この但し書きが、父親と子どもとの交流機会を完全に奪うだろうことを十分にわかった上で、父親を騙して調停案に同意させたのだ。

そもそも、なぜ、この裁判官の詐欺的行為が発覚したのか。

母親側の弁護士である樋口明巳《あけみ》が裁判所に、「この父親は『家族四人の家族団欒《だんらん》』などと主張しているが片腹痛い」との父親を侮辱する書面を提出したことがきっかけである。

父親は樋口の懲戒処分を申し立て、懲戒委員会が開かれたのだが、その場で樋口が裁判官と母親とのやり取りを喋《しゃべ》ったことから明るみに出た。

ちなみに、この裁判官は大竹昭彦と言い、二〇二一年一月時点で、東京高裁部総括判事の職にある。略歴を見ると、最高裁事務総局の課長を務め、判検交流で通商産業省に出向するなど、順調に出世コースを歩んでいることがわかる。

出世を望む裁判官にとって、人事評価をよくすることは至上課題。人事評価に一番響くのは「処理件数」で、そのためには効率よく事件を処理しなければならない。当事者を騙すことも厭《いと》わない。

親子の人生がどうなろうが知ったことではないのである。

第五章

家族を壊す 日弁連という危険分子

養育費ピンハネビジネス

二〇一九年十二月、最高裁が十六年ぶりに養育費の算定表を改定した。算定表は離婚するなどして子どもと離れて暮らす親が毎月支払う養育費の目安を定めたものである。裁判官は、この算定表に基づき、離婚訴訟における養育費の額を定めている。最高裁は、面会交流などについては一切取組みをしないにもかかわらず、なぜ、養育費だけ急に改定することにしたのか。

その理由として考えられるのが日弁連の圧力である。

この最高裁の改定に先立つ二〇一六年十一月、日弁連は「養育費・婚姻費用の新しい簡易な算定方式・算定表に関する提言」を公表している。

そもそも、なぜ弁護士が養育費の算定表にこだわるかといえば、第二章で説明したように、「実子誘拐」ビジネスの収益に直結するからだ。

二〇一六年十二月二日、毎日新聞（ニュースサイト）は「日弁連　養育費1・5倍に『低すぎる』批判受け新算定表」という見出しで、上記の提言を取り上げている。

新算定表の策定に関わってきた弁護士として毎日新聞の取材を受けている清田乃り子は、「百日面会交流提案訴訟」の当事者である父親（卒田さん）から虚偽ＤＶの文書をメディアに配布したとして名誉毀損《きそん》で刑事告訴され、さらに民事で現在訴えられている者である。

この提言の九カ月ほど前にあたる二〇一六年三月五日には、日弁連は「公平な離婚給付を考える」という名のシンポジウムを開催。パネリストには、弁護士の齋藤秀樹、広島家裁・山口家裁所長も務めた裁判官あがりの弁護士浅田登美子、しんぐるまざあず・ふぉーらむ理事の丸山裕代《ひろよ》などが参加している。

齋藤、浅田は清田と同様に名誉毀損で訴えられている。丸山の上司である理事長の赤石千衣子も同様だ。

百日面会提案訴訟の一審判決（松戸判決）が出たのは、二〇一六年三月二十九日。

彼らが「実子誘拐」ビジネスをさらに拡大しようと画策していた矢先、そのビジネスを台無しにする判決が出た。赤石、齋藤らが受けた衝撃は想像するに余りある。「実子誘拐」をしても親権を奪えなければ、養育費を搾取することもできない。

そこで、わずか二人しかいなかった母親側弁護士を三十一人にし、卒田さんをDV男に仕立て上げて「松戸判決」を葬り去った。これで晴れて養育費ピンハネビジネスが継続できることが確定したので、最高裁に養育費増額という要求を吞ませたのである。

なお、この齋藤は、二〇二〇年四月七日の参議院法務委員会で、書籍『子ども中心の面会交流』に「非監護親へのメッセージ」として書いた以下の内容が取り上げられた人物である。

「思うように面会できなくても、別居している子どもが経済的に困らないよう今以上に精力的に働いて養育費を送金してあげるような『かっこいい』お父さんであれば、成人になってからでも必ず頼られる存在になるはず。そんな一生ものの親子関係をめざそう」

この一文を読むだけで、齋藤がどのような人物かはよくわかる。その齋藤らが中心となり、養育費を一・五倍にする日弁連の算定表を作ったのである。養育費が一・五倍になれば、弁護士報酬も一・五倍になる。「実子誘拐」ビジネスのうま味も一・五倍になるというわけだ。

人権派弁護士の思想的背景

「実子誘拐」ビジネスを生業《なりわい》にする人権派弁護士とは、どのような人物たちなのか。

以下、前章でとりあげた事件に関わった弁護士を中心に説明する。

二〇二〇年四月十六日に最高裁で「子どもの拉致《らち》」容認判決を勝ち取った日本人女性の代理人は大貫《おおぬき》憲介弁護士。大貫は、依頼人からの預かり金を勝手に自らの弁護士報酬にしてしまうなどの行為で少なくとも三回懲戒処分を受けている。

大貫のツイッターを見ると、二〇二〇年四月三十日には、ニュースサイト『ＬＩＴＥＲ

A』の「安倍首相が共産党・志位《しい》の『文化芸術の自粛補償』も立憲・枝野の『学生支援』も全部拒否、〝Ｇｏ Ｔｏに1兆7千億円〟補正予算ゴリ押し！」との記事を引用し、《自分たちの利権につながらないものには価値がないのでしょう。10万円給付に抵抗し続けたのも、利権につながらないからとしか思えません》。同年六月六日には時事通信の「安倍首相、拉致進展なく『断腸の思い』横田滋《しげる》さん死去で」との記事を引用し《勇ましい演説以外、何もしてこなかった。…で、『断腸の思い』？ #日本が壊れていく #官邸は壊れている》とツイートしている（両ツイートとも削除）。

二〇一七年十二月二十一日に最高裁で「子どもの拉致」容認判決を勝ち取った日本人女性の代理人は神川朋子《かみかわともこ》弁護士。神川は、二〇一三年、打越《うちこし》さく良《ら》弁護士（二〇一九年の参議院議員選挙で立憲民主党から立候補し当選）らが呼び掛けた「憲法第96条を改定し立憲主義を否定しようとする動きに反対する憲法研究者・若手弁護士共同声明」に賛同者として名を連ねている。なお打越は、『養育費強制執行マニュアル』の監修者である榊原富士子《さかきばらふじこ》弁護士の事務所に選挙直前まで所属していた。この事務所は家事事件を得意とし東京家裁所長代行まで務めた元裁判官も在籍している。

二〇一七年九月五日の富山家裁審判で事実上の勝利を勝ち取った母親の代理人は、吉田容子。吉田は日本共産党と近い関係にある。その吉田の経歴だが、上野千鶴子《ちづこ》が代表を務めるWANのホームページには「日弁連両性の平等に関する委員会委員を長く務め、現在は立命館大ロースクールでジェンダーと法、家族法などを講義する一方、人身売買（トラフィッキング）禁止ネットワーク共同代表を務めるなど女性運動のなかでも頼りになる存在」とある。

「お父さんと会うのはイヤ。毎月100万円くれるなら会ってもよい」との娘の書面を父親に送りつけた弁護士の名は西村依子《よりこ》。日弁連の副会長を務める大物人権派弁護士である。日本共産党石川県委員会のホームページ「戦争法案廃案求め、1800人が集会・デモ」のページを見ると、西村は「安倍政治を許さず、安保法案の廃案を求める石川県民大集会」において、金沢弁護士会会長として「廃案へ力をあわせがんばろう」と挨拶している。

百日面会交流提案訴訟の妻側主任弁護士であり、卒田さんへの名誉毀損で訴えられた被告のひとりである蒲田孝代も、千葉弁護士会会長のほか日弁連理事を務めた大物人権派弁護士である。二〇一四年八月十三日の『赤旗』によると、蒲田は日本共産党千葉県委員会委員長らと安倍内閣の集団的自衛権行使容認の閣議決定について懇談し、千葉県弁護士会会長名で閣議決定に反対する「談話」を出すなどしている。また、同年九月二十一日の『赤旗』によると、千葉県弁護士会主催の「憲法違反は許しません！　9・17市民集会&パレード」においてパレードの先頭に立ち行進し、「集団的自衛権の行使容認については、楽観せずに、警戒し、憲法を変えさせてはいけません」と挨拶している。

日弁連の養育費の算定表の策定に関わった清田乃り子は、日弁連の「両性の平等に関する委員会」委員長を務めていた。一九九三年衆議院総選挙には日本社会党から出馬。二〇一三年九月には「9条と24条改憲が狙う『戦争する国』と、それを支える『家族』とは―安倍政権の狙うこの2つの関係とは？」なる講演を行っている。

第二章でその著作を引用した鈴木隆文弁護士は、日弁連の「両性の平等に関する委員会」特別委嘱《いしょく》委員、「国際人権問題委員会」監事、「貧困問題対策本部」委員、「女性差別撤廃条約等プロジェクトチーム」座長を務める。二〇二〇年三月三十日の『赤旗』では「産む産まないを決めるのは女性の権利の核心」という見出しの記事で「母体保護法での人工妊娠中絶に夫の同意を求める要件は削除されるべき」などと主張している。

これだけ挙げれば、「実子誘拐」ビジネスに深く関わる人権派弁護士がどのような思想的背景を持つのか、日弁連がどのような組織なのかよくわかってもらえるのではないか。

赤い旗を振り回す日弁連

二〇一七年四月六日の産経ニュースに、「政治集団化する日弁連『安倍政権、声を大にして糾弾』…反安保で振り回した『赤い旗』」との記事が掲載されている。その記事には、「日弁連の人権擁護大会において、集団的自衛権の限定行使を柱とする安全保障関連法に反対する執行部提案の大会宣言案について、同調する弁護士らが次々とマイクを握り、安倍晋三政権批判を繰り広げた」とある。

二〇一七年四月八日の産経ニュースには、「大阪弁護士会所属のある弁護士は『少数派である左翼系の弁護士が日弁連や単位弁護士会を事実上仕切っている』と吐露する。多くの弁護士は日常業務に追われ、会の運営に無関心か、反体制的な活動を嫌って一定の距離を置く。一方で会務に熱心に取り組む少数派が組織の主導権を握り、最高意思決定機関である総会にも委任状を集めて大挙して出席、場を支配する」とある。

二〇一九年二月十五日の産経ニュースにおいて、自民党の稲田朋美元防衛大臣は日弁連について、

「あまりにも政治的だったり、偏《かたよ》ったりしていませんか。『安全保障法制改定法案に対する意見書』や『集団的自衛権の行使等を容認する閣議決定に抗議し撤回を求める会長声明』のほか、憲法9条改正を問題視する決議をしたり……。任意団体ならよいのですが、入らないと弁護士活動ができない強制加入団体としてはどうかなと思います」と述べている。

多くの読者にとっては既知のことと思われるが、日本共産党は、破壊活動防止法に基づく調査対象団体だ。警察庁も日本共産党の「暴力革命の方針」に変更はないとの認識であ

る。そのような団体と極めて関係の深い人物が、副会長や理事などの要職についているのが日弁連という組織なのだ。

人権派弁護士らがその活動の資金源とする「実子誘拐」ビジネスは、紛《まぎ》れもなく「暴力」行為である。彼らの行為は社会の基盤である家族制度を破壊する活動であると言ってよい。

そのような活動家たちに日弁連は乗っ取られてしまったのである。

また、一連の最高裁判決や養育費算定表策定の経緯などを見るかぎり、最高裁は日弁連の強い影響下に置かれてしまったと言わざるを得ない。なぜ、そうなってしまったのか。

裁判官の弁護士事務所への「再就職」に見られる両者の癒着、これも一つの原因だろう。

しかし、それだけではない。

最高裁を支配する「日弁連枠」

最高裁裁判官任命にあたっては「日弁連枠」というのがある。最高裁裁判官は内閣で任命するが、慣例として最高裁の意見を聞くことになっている。日弁連は最高裁に対し数名の推薦を行い、それを踏まえて最高裁が意見を述べるのが慣行である。

ちなみに、卒田さんの百日面会交流提案訴訟の上告を不受理と決定した最高裁裁判長として名前の挙がる鬼丸《おにまる》かおるは、この日弁連推薦を経て最高裁裁判官になった弁護士だ。本来、一審と二審とで法律判断がわかれた場合、最高裁は受理し、審議しなければならない。しかし、鬼丸は不受理を決定し、審議すら拒否した。なお、彼女の経歴を見ると、日弁連の「両性の平等に関する委員会」委員を長く務めていたことがわかる。

この「日弁連枠」に象徴されるように日弁連役員と最高裁事務総局幹部らは常日頃から連携し、多くの物事を処理する状況にある。また、最高裁裁判官十五人のなかに日弁連推薦の者が含まれている以上、その部下にあたる最高裁事務総局の裁判官は、日弁連の意向を蔑《ないがし》ろにすることはできない。

さらに言えば、日弁連から推薦されて最高裁裁判官になった者が判決を書く際、日弁連に最大限配慮するのは当然のことであり、仮に五人で構成される小法廷に日弁連出身の裁判官が入っていなくても、日弁連の気分を害する判決を出すことが極めて困難であることは容易に想像できる。

つまり、日弁連が少数派である人権派弁護士に支配されてしまったということは、最高裁も人権派弁護士の意向に強く配慮せざるを得なくなったことを意味する。一連のハーグ条約違反の最高裁判決や百日面会交流提案訴訟の上告を最高裁が不受理とした件は、その証左だ。

加えて、すべての裁判官は最高裁事務総局のコントロール下にある。人事の裁量権はすべて最高裁事務総局が掌握。昇級や昇格も格差があり、最高裁の判断次第で決められる。当然、最高裁事務総局の出先でしかない法務省民事局もしかりである。

要するに、「実子誘拐」ビジネスに勤《いそ》しむとともに、「政権打倒」を掲げ公然と反政府活動をする人権派弁護士が、日弁連を乗っ取り、さらには最高裁を通じ全裁判所と法務省民事局を事実上支配下に置いてしまったということである。人権派弁護士が学生の頃目指した共産主義革命を限定された分野とはいえついに成し遂げたのだ。さぞ、感慨深いことだろう。「いちご白書をもう一度」である。

裁判所という「収容所群島」

共産主義革命がなされた社会がどれほど不条理で凄惨《せいさん》なものかは、スターリン下のソビエト連邦を描いた『収容所群島』や文化大革命時の中国を描いた『ワイルド・スワン』などを読めばよくわかる。それと同じ状況がいま、日本の裁判所の敷地内で起きている。

瀬木比呂志元裁判官の著書『絶望の裁判所』は、ダンテ『神曲《しんきょく》』のなかの「この門をくぐる者は、一切の希望を捨てよ」という言葉から始まっている。日本の裁判所の門をくぐったら一切の希望はない。裁判所で絶望し自殺を図ろうとすれば、裁判所職員に「自殺するなら敷地の外でしろ」と嘲笑《ちょうしょう》されるような世界が広がっている。

共産主義者に組織を牛耳《ぎゅうじ》られると、なぜここまでおかしくなるのか。その謎を解く鍵が「イデオロギー」だ。

「実子誘拐」ビジネスを遂行するため、「虚偽ＤＶ」という優れたレトリックを考案した人権派弁護士。彼らが「虚偽ＤＶ」を使って被害者を加害者に仕立てあげる手口を生み出したのは決して偶然ではない。マルクス主義イデオロギーを信奉する彼らにとって、自らの活動をイデオロギーで正当化するのはお手の物である。前述のとおり、イデオロギーとは、「真実を覆《おお》い隠す呪文」だ。そして、裁判所職員は、いまや、その妖《あや》しい呪文を唱える者たちに頭のなかまで支配され、呪文を唱和するようになった。

イデオロギーに関し、ユダヤ人の哲学者でナチスドイツから逃げて一命をとりとめたハンナ・アーレントは著書『全体主義の起源』のなかでこう記述している。

　イデオロギー的思考は、一切の経験に依存しなくなる。経験はこの思考には何一つ新しいことを知らせ得ない。イデオロギー的思考はこうして、われわれの五感に与えられているような現実から自己を解放し、この現実に対して〈より正しい〉リアリティを打ち立てる。運動は一旦権力を握ると、自分らの主張に合うように現実をねじまげはじめる。嘗《かつ》て何らかのイデオロ

ギーを信奉した人々を正常な思考形式と正常な政治行動に引き戻すことがどんなに難しいかは充分知られている。この場合難しいのは、これまでに身についてしまった一つの前提からの演繹《えんえき》という論理的操作をまたしてもやりはじめないようにさせることなのである。

そして、彼女はこうも言っている。

犯罪を行おうと決心しているときには、最大の、最も信じがたい規模でそれを演出するのが得策だということだ。ヒットラーは嘘というものは法外なものである場合にのみ効果を挙げ得ると数百万部も刷られた本のなかで宣伝した。法外というのは、事実の連関全体はそのままにしておいて個々の事実を否定する——その場合には否定しておかなかった事実のおかげで嘘がばれてしまう——ような小細工をせず、事実全体を歪《ゆが》めてしまって、その結果、個々の虚偽の事実が矛盾を含まぬ一つの関連をなし、現実の世界のかわりに一つの仮構の世界を作り出すようにするということなのである。

彼女は、このようなイデオロギーに覆われた「全体主義国家」の例としてナチスドイツとスターリン下のソビエト連邦を挙げている。

そのソビエト連邦において強制収容所に送られたソルジェニーツィンが書いた『収容所群島』には、イデオロギー的思考に陥《おちい》った者がどのような行動をとるかについて詳細な記述がある。

悪をなすには、人間はそれ以前にそれを善と見なすか、あるいは自明の必然的行為と認めなければならないのだ。幸いにも、人間の本質とはそういうものであり、人間は自分の行為を正当化しなければならないのだ。マクベスはこの正当化の根拠が弱かった──そのために良心の呵責《かしやく》に悩んだのだ。シェークスピアの悪党どもの空想と精神力は、僅《わず》か十人ほどの人を殺すにも足りなかったのだ。彼らにはともかくイデオロギーがなかったからである。イデオロギー、それは邪悪な所業に必要な正当化と悪党に必要な長期にわたる頑強さを与えるものである。それは、自分の行為を自分と他人に対してその潔白を証明し、非難や呪いではなく、名誉と尊敬をもたらすことを助ける社会理論である。イデオロギーのおかげで二十世紀は何百万という人々を殺害する邪悪な所業を体験しなければならなかった。これは否定することも、無視することも、沈黙を守ることもできない事実だ。いや、それでも私たちはなお悪党などありえないと主張できるだろうか。その何百万という人々をいったい誰が殺したのか。悪党がいなければ、〈収容所群島〉も存在し得なかったのだ。

なぜ、日本の裁判所が『絶望の裁判所』に堕《だ》してしまったのか。なぜ、日本の裁判所の実態を知れば知るほど、アーレントやソルジェニーツィンの悲痛な叫びがますます耳に響くようになるのか。

信じがたく、また、認めたくないことだが、二十世紀に世界を狂気の渦に巻き込んだ全体主義が、マルクス主義イデオロギー信奉者による裁判所ハッキングにより、二十一世紀の日本の裁判所の敷地内に復活してしまったということだ。

裁判所は〈収容所群島〉と化した。裁判官は、その収容所のさながら看守である。

イデオロギーで「妄想」判決

「松戸判決」を二審で葬った菊池洋一東京高裁裁判長もその看守の一人だ。彼は、判決文で「親子の面会の重要性は高くない。年間百日の面会は近所の友達との交流に支障が生ずるおそれがあり、子の利益になるとは限らない」と書いた。

親子の交流より近所の友達との交流の方が重要であり、子の利益を侵害し得ると主張する文書を平然と書くことができるのも、イデオロギーのなせる業《わざ》である。

一審の「松戸判決」を追認し、年間百日もの自由な面会交流を認めたら「監視付き面会交流」ビジネスは成り立たなくなり天下り先のFPICが潰《つぶ》れてしまう。それを防ぐためには「松戸判決」を覆《くつがえ》し、「実子誘拐」を犯した上に「月一回の監視付き面会交流」しか提案しない母親を親権者とする必要がある。その結論を導くためには、事実全体を歪め、「一つの仮構の世界」、つまりヒットラーの言う「法外の嘘」に基づき判決を書かなければならない。

そこで、「継続性の原則」の前提にある、「実子誘拐」の被害に遭った親は親権者として不適格であるとの「法外の嘘」と辻褄《つじつま》が合うようイデオロギー的思考を駆使し、論理的操作をこねくり回してでてきたアイデアが、「百日もの親子の面会交流は近所の友達との交流に支障が生ずる」というレトリックである。

「百日もの面会交流」がそもそも子どもの利益にならないのだ、としてしまえば、そのような子どもの利益にならない提案をする父親は親権者として相応しくないことになる。この理屈でいけば卒田さんの親権も剝奪《はくだつ》でき、天下り先も温存できる、そう考えたのだろう。「邪悪な所業に必要な正当化」の好例である。

日本の裁判所を「全体主義的共産主義国家」にたとえる瀬木元裁判官は、その著書『ニッポンの裁判』のなかで、「(裁判官の)判断におけるレトリックは、最初に強引に一定方向の結論を決めてしまった上で、ただそれを正当化するためだけに構築されていることが多い。いわゆる『初めに結論ありき』の議論なのだが、判決のレトリックについては、難解な用語を用い、かつ、巧妙に組み立てられていることから、意外にも、法律の素人《しろうと》である一般市民をあざむくためには、そして、法解釈の演繹的な論理に馴《な》れ切ってしまっている法律家を説得するためにも、結構効果的なのだ」と述べている。

また瀬木元裁判官は、裁判官の利用するレトリックについて、「韜晦《とうかい》型（ごまかし型）」と「切捨て御免型」があると指摘し、「『韜晦型』のレトリックとは、脆弱《ぜいじゃく》な論理を糊塗《こと》するためにもっともらしい法律の『コトバ』を幾重にも塗り重ねるものである。逆に都合の悪いことには、一切触れないのが、あるいは都合の悪い部分を省略するのが『切捨て御免型』のレトリックである」と説明している。

前章で取り上げた多くの迷判決もそうだが菊池の書いた判決文を見ると、瀬木元裁判官の言うように、「初めに結論ありき」で、父親である卒田さんの親権を剥奪するために「韜晦型」と「切捨て御免型」レトリックを縦横無尽に駆使しているのがわかる。その牽強付会《けんきょうふかい》の文章は、法も事実もまったく無視したイデオロギーに過ぎず、観念による操作を膨らませて作った「妄想」の類《たぐい》でしかない。非常識極まりない代物《しろもの》だ。

筑波大附属駒場中学校・高校から東京大学法学部に進み、裁判官に任官後、判検交流により法務省民事局参事官や司法法制部長も務め、この判決後は広島高裁長官にまで上り詰めた菊池は、日本でトップレベルのエリートであり、そのきらびやかな経歴を見れば、日本最高の知性と言ってもよい。

その菊池にして、こうなのである。というよりも、その菊池だからこそ、こうなのである。「法外な嘘」をつくことは、「事実全体を歪めてしまって、その結果、個々の虚偽の事実が矛盾を含まぬ一つの関連をなし、現実の世界のかわりに一つの仮構の世界を作り出す」高度な知的作業であり、彼のような知性あふれる人間でなければ、こういった「妄想」を創作することは難しい。

そのことは、前述の鈴木隆文弁護士の文章からもよくわかる。彼の言っていることは嘘八百であり、「妄想」に満ちた仮構の世界の話に過ぎないが、その世界は「矛盾を含まぬ一つの関連をなしている」のである。虚言癖のある者の出まかせとは次元が違う。司法試験と公認会計士試験の両方に合格できる位の知性が要求されるのだ。

このイデオロギーを信奉する司法エリートたちは、煌《きら》びやかなレトリックで着飾った裸の王様である。この王様たちは、子どもたちから「近所の友達と会う方がお母さんと会うことより大事って、オジサン頭おかしいんじゃない」と言われたら、自分が素っ裸であることに気がつくだろうか。残念ながら無理である。「何らかのイデオロギーを信奉した人々を正常な思考形式に引き戻すこと」は困難であり、「これまでに身についてしまった一つの前提からの演繹という論理的操作をまたしてもやりはじめ」てしまうからだ。このオジサンたちは「バカにはこれが見えないのだ」と一糸まとわぬ姿でパレードを続けるだろう。救いようがない人たちだ。

ただし、このイデオロギー信奉者も権力に結び付かないかぎりたいしたことはない。鈴木ら人権派弁護士が常軌《じょうき》を逸《いっ》した内容の本をいくら出版しようが、単なる言葉遊びだと放っておけばよい。

しかし、イデオロギーが公権力と結びつくと話はまったく変わってくる。アーレントが言うように、権力は自分らの主張に合うように現実をねじ曲げることができるからである。

菊池が「松戸判決」を支持しそれが先例となっていれば、諸外国同様、離婚後も親子が年間百日程度会える社会が実現していた。毎年、十五万人以上の子どもが片方の親と会えなくなっていると言われているが、その子どもたちを救うことができたのである。「実子誘拐」という犯罪行為も大幅に減少していたことだろう。しかも、これだけ多大なメリットを国民が享受するために菊池がやるべきことは、「松戸判決」を追認し控訴を棄却することだけだ。

法と事実に基づいて出された「松戸判決」を追認することは極めて簡単な作業である。にもかかわらず、菊池は、自分たちの天下り先を守るため、そして、弁護士らの「実子誘拐」ビジネスを守るため、あえて様々なレトリックを駆使し「松戸判決」を覆したのだ。

菊池が二〇一七年一月二十六日に出した高裁判決以降、数多くの「実子誘拐」がなされ、おびただしい数の親子断絶が生じた。自殺者も数多く出た。また、親子断絶がなければ救えたはずの子どもの命が虐待で失われた。これは「否定することも、無視することも、沈黙を守ることもできない事実」である。どれだけ罪深いことをしたのか。

しかし、菊池は自分が「数多くの幼い子どもや子ども思いの親を殺した」ことへの罪悪感など抱いてはいないだろう。なぜなら、彼はイデオロギーという防衛機構に守られているからだ。

ナチスの将校と日本の裁判官

アーレントは、数百万人のユダヤ人を強制収容所へ移送するにあたって指揮的役割を果たしたナチスドイツ親衛隊中佐のアイヒマンに関して、著書『イェルサレムのアイヒマン──悪の陳腐さについての報告』で次のように述べている。

自分の昇進にはおそろしく熱心だったということのほかに彼には何らの動機もなかったのだ。俗な表現をするなら、彼は自分のしていることがどういうことか全然わかっていなかった。彼

は愚かではなかった。完全な無思想性――これは愚かさとは決して同じではない――それが彼があの時代の最大の犯罪者の一人になる素因だったのだ。全体主義的支配の本質、またおそらく全ての官僚制の性格は、人間を官吏に、行政装置のなかの単なる歯車に変え、そのようにして非人間化することである。

この文章だけ読むと、ナチスドイツ将校の描写なのか、菊池ら日本の裁判官の描写なのか区別がつかない。アーレントは、次のようにも述べている。

アイヒマンが、彼にとって重要な事柄や出来事に言及するたびに、驚くほど一貫して一言一句たがわず同じ決まり文句や自作の型にはまった文句をくりかえした。この話す能力の不足が考える能力――つまり誰か他の人の立場に立って考える能力――の不足と密接に結びついていることがますます明白になって来る。アイヒマンとは意思の疎通が不可能である。それは彼が嘘をつくからではない。言葉と他人の存在に対する、従って現実そのものに対する最も確実な防衛機構〔すなわち想像力の完全な欠如という防衛機構〕で身を鎧《よろ》っているからである。

イデオロギーは、憑《と》りついた人の「考える能力」、つまり「誰か他の人の立場に立って考える能力」を完全に奪ってしまう。その結果「想像力の完全な欠如」をもたらす。鬼子母神《きしもじん》のように自分の子どもが誘拐されでもしないかぎり、子どもを攫《さら》われた親の気持ちを想像することなど決してない。その防衛機構のおかげで、自分の出した判決で親権を奪われ自殺を図った親の話を聞こうが、眉《まゆ》一つ動かさなくなる。そればかりか、「自殺するなら裁判所の敷地の外でやれ」と嘲笑できるようにまでなれるのだ。

アーレントは、こうも言っている。

全体主義的独裁は足場を固めてしまうや否や、イデオロギー教義とそこから生まれた実際上の嘘を本物の現実に変えるためにテロルを使う。たとえばロシアのボルシェヴィキー政府が、社会主義国に失業はあってはならないというイデオロギー的要求を貫徹するためにとった方法は、失業給付を一切廃止してしまうという方法だった。嘘は事実となったのである。ロシアにはもはや失業者はいなくなり、いるのは乞食《こじき》と非社会的分子だけになった。

裁判官の出す判決は立派な「テロル」である。子どもの権利条約を批准《ひじゅん》している人権国家であるはずの日本において、「実子誘拐」があってはならないというイデオロギー的要求を貫徹するため、裁判官らは観念による操作を膨らませ、「実子誘拐」を「ＤＶ夫から女性と子どもを守るための緊急避難」と位置づけて犯罪として認定しないばかりか、親権者の指定を受ける上での重要な要素としてしまった。

かくして、日本には「実子誘拐を犯す親」はいなくなり、いるのは「夫のDVから子どもを連れて必死に逃げる女性」だけになった。

嘘は事実となったのである。

日本は子どもの拉致国家

しかし、このような「法外な嘘」が通用するのは、嘘を事実に変えることができる力が及ぶ範囲に限られる。全体主義的独裁に覆われてしまった日本の司法。その力は強大であり、立法・行政府のみならず、マスコミを通じ、日本の隅々にまで嘘を浸透させつつある。だが、その力の及ばない諸外国に、このような嘘は通用しない。

二〇一二年五月二十二日、当時与党であった民主党の井戸まさえ衆議院議員が、オーストラリアのテレビ番組で「子どもの連れ去りは日本の文化」と放言し世界中から失笑を買った。井戸は図らずも、日本中に蔓延《はびこ》るこの「嘘」を世界にお披露目《ひろめ》してしまったのだ。

笑いごとですまされる話ではない。井戸の発言は、アパルトヘイト下の南アフリカの国会議員が「人種差別は南アフリカの文化」と言うが如きものだ。文化の問題ではなく、文明の問題である。この全体主義に覆われつつある未開の「子どもの拉致国家日本」に対し、世界中から強い非難が寄せられている。

米連邦捜査局（ＦＢＩ）の最重要指名手配犯リストでは、米国人の元夫に無断で子どもを連れて日本に帰国した日本人女性の名前がテロリストと同様に扱われている。米国では、この十年近く、米下院外交委員会の人権小委員会において何度も公聴会が開催され、日本政府、特に日本の司法がこのような「実子誘拐」犯の引き渡しに応じないだけでなく、誘拐犯に親権を与えるなどの行為を行うことで「実子誘拐」を助長していると繰り返し糾弾している。

米国は、ハーグ条約不遵守国《ふじゆんしゅ》に対し軍事的支援措置の停止も含む制裁を科す「ゴールドマン法」を制定しているが、二〇一八年二月十四日の衆議院予算委員会で岸田文雄外務大臣が「ゴールドマン法による制裁は過去に例がない。対日制裁の可能性は低い」との認識を示したことに対し、直後に開催された公聴会の冒頭、議長が岸田外務大臣の発言を「無礼だ」と述べ、「日本を制裁すべきだ」と責め立てた。

そのことと二〇一七年十二月二十一日に出た前述の最高裁判決により、米国務省は、二〇一八年に出した「国際的な子の拉致」年次報告書で、日本をハーグ条約の不遵守国と認定したと言われている。幸い制裁措置は軽微なものとなったが、今後の日本政府の対応次第で経済制裁や軍事支援停止などの制裁が科せられるおそれがある。

虚偽ＤＶについても、米国は正確に認識している。日本がハーグ条約を批准する前、日本がハーグ条約を批准しない理由として、ＤＶから逃れて帰国する日本人の元妻らがいることを挙げている。これについて米国務省高官は「実際に暴力があった事例はほとんど見つからない。相当の誤認だ」と語っている。

日本を「拉致司法」「子どもの拉致国家」と非難するのは、米国ばかりではない。

二〇一八年三月には、二十六人のＥＵ加盟国大使が、親に会う子どもの権利を尊重するよう上川《かみかわ》陽子法務大臣に要請する文書を出した。二〇一九年六月には、フランスのマクロン大統領が、安倍晋三総理大臣に「実子誘拐」について問題提起した上で「容認できない」と言及した。イタリアのコンテ首相もまた、同月に開催されたＧ20のグループ会議で子どもに対する両親の権利について安倍総理に懸念を表明した。

また、二〇一九年より、ドイツ外務省は、「日本はハーグ条約不遵守国である」旨《むね》を注意喚起する渡航情報をホームページに記載するようになった。イタリア外務・国際協力省も「日本に子を連れ去られたら取り戻すことはできない。日本の家族法制では、裁判所の決定によりイタリア人の親が子の監護権や面会交流の権利を得ることは極めて難しい」旨を注意喚起する渡航情報をホームページに掲載するようになった。

オーストラリア外務貿易省のホームページ上にも「日本の家族法は、離婚や親権についての規定を含め、オーストラリアの法律とは大きく異なっている」と述べた上で、「日本人と家族法関連の争いがある場合には、オーストラリアを出る前に弁護士に相談するよう」勧める渡航情報が出ている。

また、前述のとおり、ＥＵ議会においても、二〇二〇年七月八日、日本人の親が日本国内で子どもを拉致することや、もう一方の親と子どもを会わせないことなどを禁止する措置を迅速に講じるよう日本政府に要請する決議案を賛成六百八十六票、反対一票、棄権八票の圧倒的賛成多数で採択した。

決議は、日本でこうしたケースが相当数あるとした上で「子どもへの重大な虐待」と強調。ＥＵの戦略的パートナーである日本政府に対し、子どもの権利条約などの国際法を履行し、共同親権を認めるよう法制度の変更を行うことを求めている。

この決議にあたり、日本人に子どもを誘拐された親から実態をヒアリングしたＥＵ議会議員は次のように述べている。

「信じられないような話です。私たちは十七世紀の長崎のオランダ商人と日本人女性との間に生まれた子どもは日本に永遠にとどまることになっていた歴史を知っています。しかし、二十一世紀のいま、それが起こり得るとは想像できませんでした」

フランス議会の上院でも、日本人による拉致行為を非難し、日EU戦略的パートナーシップ協定を停止すべきとの決議が二〇二〇年二月五日に採択されている。

なぜ、日EU戦略的パートナーシップ協定を停止すべきかと言えば、民主主義、法の支配、人権及び基本的自由の促進を目的とする当該協定を日本が遵守していないからである。これは極めて大きい意味を持つ。つまり、「日本は民主主義、法の支配、人権及び基本的自由を尊重していない国」だと言われているのだ。隣の社会主義国家となんら変わらない、ということだ。たしかに、子どもの拉致などという蛮行は、民主主義国家や法治国家では生じ得ない。

渡航注意喚起については、二〇二〇年二月十日の衆議院予算委員会でとりあげられた。茂木敏光《もてぎとしみつ》外務大臣は、「ドイツ外務省に対して、日本がハーグ条約を着実に実施してきていることを説明し、事実に基づく情報発信を行うよう申し入れた」という。

また、イタリア外務・国際協力省の渡航情報について「日本の家族関連法に関する誤った記載や誤解を生じかねない記載がある」と非難した上で、「事実に基づく情報発信を行うよう申し入れた」という。

茂木外務大臣の答弁が誤りと誤解に基づくものであることは、改めて言うまでもない。事実に基づく情報発信を行っているのはドイツ、イタリア、オーストラリアの方である。

日本の家族関連法を知らない自国民の多くが、日本人による「実子誘拐」の犠牲になっているることから、諸外国は日本政府に代わり、正確な情報を提供し警告しているのだ。

フランス議会の決議などの欧州の動きについては、二〇二〇年三月二十四日の参議院法務委員会でとりあげられた。その際、森まさこ法務大臣は、「日本の家族制度について、海外の意見には、たとえば、子を取り返すための法的手続きがないなどといった誤解に基づく主張もある」と反論している。

森法務大臣の答弁も事実上誤りである。子どもを取り返すための法的手続きはあるが、前述のとおり罠《わな》がたくさん仕掛けられていて、実際には取り返せないようになっている。最高裁の判決で子どもを奪われたロシア人の父親やアメリカ人の父親は、この森大臣の答弁に決して納得しないだろう。彼らこそ、日本には子どもを取り返すための法的手続きがあると信じ真摯《しんし》に対応した結果、最高裁という日本の司法の最高機関によって、その期待を無残にも裏切られた者たちだ。

また、ＥＵ議会決議について、茂木大臣と森大臣は口を揃えて「日本政府は日本国内の事案について、国内法制度に基づいて、国籍による区別なく公平かつ公正に対応している」と反論している。たしかに、「実子誘拐」の被害に遭った外国籍の親と日本国籍の親から、国籍による区別なく親権を奪い、親子を引き裂いているという意味では両大臣の発言は誤りではない。が、反論としてあんまりではないか。

政権に食い込む危険分子

森大臣は、二〇二〇年二月二十八日、赤石千衣子、本田正男、木村草太らが集めた共同親権の法制化に反対する署名を受け取った。赤石は次のように発言している。

「DV被害者の安全が確保されていない現状では共同親権を法制化しないでほしいことを要望として伝え、法務大臣から『しっかり受け止める』というお答えをいただいた」

政権を担《にな》う閣僚が政権打倒を掲げている連中を全力で擁護する一方、実態を理解した上で日本政府に「目を覚ませ」と警告する諸外国を攻撃する——人権派弁護士らからすれば笑いが止まらないだろう。

人権派弁護士らが次に狙うのは、「実子誘拐」ビジネスの拡大と国を後ろ盾にした養育費取立てビジネスである。第二章で述べたように二〇二〇年一月二十七日、赤石千衣子や駒崎弘樹らが「養育費の取り立て確保に関する要望」を森法務大臣に提出している。そこには、「養育費の取り決めの促進と支援を行うこと」「養育費差押えの支援」などと書かれている。

裁判・調停離婚は離婚の一割、残りの九割は協議離婚である。赤石らの要望は、協議離婚においても養育費を強制徴収する制度を導入しろ、との意味だ。要望が実現すれば、「実子誘拐」ビジネスのマーケットが十倍に増えることになる。

なお、赤石は、『養育費強制執行マニュアル』の監修者である榊原富士子弁護士の事務所に訴訟の弁護を頼んでいるほか、「（養育費の）差し押さえの〝道筋〟を示せるように」と法制化を促《うなが》す見出しが躍るネット記事に榊原とともに登場している。また、「クレサラ」特需の生みの親である宇都宮健児元日弁連会長が代表である「反貧困ネットワーク」の副代表も務めた。駒崎は日弁連の市民会議委員だった。彼らと人権派弁護士とは表裏一体なのだ。

彼らの「実子誘拐」ビジネスは拡大の一途である。彼らは「シングルマザー」という新たな業界を作りロビー活動を活発化。金と票を持ち、日弁連をも乗っ取った彼らから要望を出されれば、弁護士出身の森大臣としてもその要望を受け入れざるを得ない。

森大臣には別の圧力もかかる。森議員が法務大臣に就任する三カ月前、参議院選挙投票日の四日前の二〇一九年七月十七日、彼女はフェースブックに《フローレンスの駒崎弘樹さんが『激推しする参議院女性候補』として、森まさこをご紹介くださいました！》と投稿している。たしかに、駒崎のホームページには、公明党の山本かなえ、立憲民主党の打越さく良などに加えて、自民党の森まさこの名前も掲載されている。国会議員も落選すればただの人。選挙で助けてもらった御恩は全力でお返ししなければならない。

森大臣は義理堅い方のようだ。養育費の在り方についてはすでに「家族法研究会」という名の研究会で検討が始まっていたにもかかわらず、赤石と駒崎から要望書を受け取ったその場で、「法務大臣養育費勉強会」という別の会の立ち上げを決定した。その上で、大臣自らが議長に就任し三カ月余の期間に七回も勉強会を開催。

赤石や駒崎に加え、サラ金最大手「武富士《たけふじ》」の代理人としてスラップ訴訟を乱発したと報じられる熊谷《くまがい》信太郎弁護士、ＦＰＩＣ理事で養育費支援センター長の山﨑朋亮《やまざきともあき》元家裁調査官、全国サービサー協会理事長などと精力的に協議を重ね、二〇二〇年五月二十九日に「法務大臣養育費勉強会取りまとめ」なる報告書まで出した。駒崎も選挙で応援してやった甲斐《かい》があったと、さぞやご満悦だろう。

森大臣だけではない。

同年四月十九日、赤石からヒアリングをした猪口《いのぐち》邦子元内閣府男女共同参画担当大臣や尾身朝子《おみあさこ》外務政務官ら自民党女性活躍推進本部のメンバーは、六月初旬、森大臣や安倍総理大臣に会い、総理から「養育費の確保は、子どもの育成を支援していく意味で重要だ。関係省庁に取り組みを加速するよう指示したい」との発言を得ることに成功した。

森大臣の勉強会は、「法務省・養育費不払い解消に向けた検討会議」と名前を変え、赤石と熊谷が引き続き構成員として入り、制度設計を進め、十二月二十四日、「養育費不払いには強制執行を可能にすること」を提言する最終報告書を森大臣の後任である上川陽子法務大臣に提出している。この会議の構成員七人のうち三人が弁護士であり、熊谷が会議の議長を務める。オブザーバーとして最高裁判所とFPICが入り、法務省関係部局として民事局と司法法制部も参加。役者が揃い踏みである。こうやって、さらなる官製ビジネスができあがっていく。

なお、森大臣は「子どもたちに養育費が確実に届くよう取り組む」と意気込みをかつて語っていたが、残念ながら赤石らに唆《そそのか》されて制度設計をするかぎり、子どもたちに養育費が確実に届くことはない。子どもに渡るまでに一割から三割程度のお金が弁護士らに搾取されるからだ。

政府への三つの要望

一九五〇年九月五日「共産主義者等の公職からの排除に関する件」が閣議決定された。いわゆるレッドパージの決定であり、思想良心の自由を侵害するものであって許されるべきものではないが、この閣議決定の目的である「民主的政府の機構を破壊から防衛」との文言《もんごん》を改めて噛みしめる必要がある。当時の状況と現在の状況は非常に似ているが、現在は、政府のなかに当時ほどの危機感がない点でより深刻だ。全体主義化がさらに進み、誰も止められなくなる前に手を打たなければならない。

その認識に立った上で、問題解決に向けて政府に要望することは以下の三点である。

第一は、「『実子誘拐』や親子関係断絶を助長・容認する判決を出した裁判官は再任しない」と閣議決定すること。裁判官の任期は十年であり、内閣が再任「できる」と憲法八十条に規定されている。この三権分立の要の規定を活用すべきだ。

米国の憲法起草者が『ザ・フェデラリスト』にこう記している。

「数種の権力が同一の政府部門に次第に集中することを防ぐ最大の保障は、各部門を運営する者に、他部門よりの侵害に対して抵抗するのに必要な憲法上の手段と、個人的な動機を与えるということにあろう。野望には、野望をもって対抗させねばならない。政府の権力濫用《らんよう》を抑制するために、かかるやり方が必要だ」

日本の裁判官らが権力を濫用し暴走している最大の要因は、内閣がこの「憲法上の手段」を行使していないことに拠《よ》る。

全体主義という「組織を死に至らせる病」に感染した裁判所の健全性を取り戻すためには、外部の力を使い荒療治《あらりょうじ》をしなければならない。そして、それは憲法が予定しているところでもある。

憲法八十条を機能させることで、「法務大臣が国会で何を言おうと関係がない。国会審議を参考にしたことはこれまでに一度もない」など民主主義を愚弄《ぐろう》する発言をし、法に一切規定のない「継続性の原則」を利用するイデオロギーに染まった裁判官は、閣議決定後十年以内に存在しなくなっているだろう。

第二は、第三章でも提言したように、ハーグ条約を徹底的に骨抜きにした国内実施法の改正とハーグ条約と整合性のとれた国内法(最初の「実子誘拐」の刑事罰化、面会交流の義務化など)の制定をすること。諸外国と同様の法制度にするだけである。決して難しい要望でも、理不尽な要望でもない。

同時に、最高裁が日弁連の人権派弁護士による呪縛《じゅばく》から逃れられず、法務省民事局に派遣されている裁判官も大臣らに嘘を吹き込み、国内法制定に抵抗することが十分に予想される以上、判検交流制度を廃止し裁判官の法務省民事局幹部への登用を止めるべきである。全体主義という伝染病がこれ以上、国家のなかに蔓延《まんえん》しないためにも、この「感染ルート」を遮断する必要がある。

裁判官に代わる人材などいくらでもいる。法務省にも国家公務員試験を経て採用された者がおり彼らを民事局幹部に登用すればよい。それで足りなければ優秀な弁護士を外部から採用すればいいのだ。

第三は、弁護士法を改正し、日弁連の政治的行為を禁止するとともに、内閣が日弁連推薦に基づく最高裁裁判官の任命を止めること。

全体主義という伝染病の病原菌をせっせと培養する日弁連の徹底した「消毒」と、この伝染病が裁判所を覆いつくす原因となった日弁連と裁判所との間のルートの切断を行わなければならない。

もし、日弁連がどうしても政治活動を続けたいのであれば、弁護士を強制加入とする弁護士法の規定を任意加入に改めればいい。その場合、弁護士の懲戒処分権限については、イギリスの司法制度改革にならい、日弁連などの弁護士団体ではなく、公正中立性が担保できる第三者機関に移すべきである。

内閣が日弁連推薦に基づく最高裁裁判官の任命を止めることは、裁判の公正性を担保するためにも非常に重要だ。

日本学術会議の会員候補の任命拒否が耳目《じもく》を集めたが、我々の人生に直接かつ甚大な害を与えている裁判官の任命問題のほうが、ある意味ではるかに重要な問題である。下級裁判所の裁判官の再任用も含め裁判官の任用については、早急にその運用を改めるべきだ。

以上の三つを実施することは、日本政府を全体主義の脅威から守り、人権派弁護士らによる破壊から防衛することにつながる。人権派弁護士ら危険分子と公権力との関係を断ち切ることで、国家が「実子誘拐」のお先棒《さきぼう》を担《かつ》がされることもなくなる。

実子誘拐と北朝鮮拉致問題

この問題は北朝鮮による拉致と似ている。「拉致。必ず取り戻す！　親の愛は、世界を動かす。拉致問題は私達全ての問題です」「逢える日まであきらめない。あの日を境に家族は引き裂かれたまま。必ず逢えると信じている」は、法務省作成の北朝鮮人権侵害啓発ポスターなどの標語だが、ここに書かれた言葉は「実子誘拐」の被害に遭った親の思いそのものだろう。

日本人による「実子誘拐」について、時事通信の取材に応じた米国務省高官は「米国は北朝鮮拉致問題を理解してほしいとの訴えに応じた。状況は非常に異なるが、最愛の人が家族から引き離される点は共通する」と述べ、この問題の解決を促している。しかも、EU議会決議などからも明らかなように、この問題は、単なる夫婦間の問題ではなく国家的犯罪であると国際的には認識されている。この点も北朝鮮拉致問題と酷似する。

たしかに、北朝鮮拉致問題とは状況は非常に異なる。米国から日本に拉致された子どもの数だけでも四百人との報道もある。また、国連人権理事会に日本人の「実子誘拐」が「重大かつ一貫した人権侵害」に該当するとして申立てがなされ、毎年十五万人もの子どもが親と生き別れになっているとの報告もなされている。桁違《けたちが》いの人権侵害である。しかし、問題は数ではない。たとえ、一組だろうと何の罪もない親子を国家が引き裂くようなことは決して許されない。

「親子の絆《きずな》」ほど大切なものはない。一刻も早い問題解決が求められる。

第六章

DVシェルターという名の拉致監禁施設

母は無情なバケモノだった

二〇一五年四月二十七日、ＤＶシェルターから逃げてきた少女が「拉致《らち》（Abduction）」という題で講演をした。以下、その抜粋である。

家を出たら家の前にタクシーが待っていた。何が起こっているのかまったくわからなかったけど、母はすぐにタクシーに乗るよう私に言い、私を車に押し込み「もう家に戻ってこない」と言った。一緒に乗って、タクシーは走り出した。混乱し何が起こっているのかわからなくて叫び始めた。

「車を止めて！　車を止めて！　車を止めて！」何度も何度も。

約三十分後、シェルター、女性シェルターに着いた。そこで、スタッフが来て、私たちの新しい部屋を紹介した。二週間も泊まった。

父について話をした。母は「あなたの父親は怖い人だ」と私に何度も言った。私には二つの選択肢しかなかった。母の言葉をそのまま繰り返すか、叩かれるか。

休憩は一回しかなかった、日中の昼休み。しかも、夜、母はＩＣレコーダーを背中の後ろに隠して、私と弟たちに質問してきた。「ママのこと大好き？」や「ここは素晴らしい場所だと思わない？」など。
母は、人前では面倒見のよい母親に見え、世界で一番よい人かとみんなから思われていたけど、家では、父は知ってた、弟たち知ってた、私知ってた、無情なバケモノだった。

これと同様の行為が日々、日本全国で行われている。「実子誘拐」という表現を使うのが決して大げさではないことがわかってもらえただろう。「実子誘拐」よりもむしろ、「拉致監禁」という言葉を使う方が実態をよく表していると言える。

DVシェルターの金儲けの仕組み

「実子誘拐」ビジネスを行うにあたり、DVシェルターは必須の施設である。「実子誘拐」を行う親（多くは母親）は自分の実家に子どもを誘拐するケースが多いが、実家がない場合などDVシェルターが必要になる。

そして、そのようなDVシェルターを利用した「実子誘拐」を指南するのが人権派弁護士、そして、全国にある婦人相談所や女性センターである。

雑誌『祖国と青年』の二〇一六年二月号に掲載された「離婚を推奨する『女性センター』の実態～男女共同参画という名の家族破壊工作」という記事において、DVシェルターから逃げ出してきた母親が取材を受けて以下のように語っている。

「婦人相談所に行くとまず主人の勤め先を聞かれ、零細企業の場合は相手にされないが大手企業や公務員、医者等の場合は力を入れる。そしてまず熊谷早智子《くまがいさちこ》著の『家庭モラル・ハラスメント』を読まされ、陳述書などにはこの書籍のなかの表現そのもので書くよう指導され、次回相談所で開催される講演会に来るように言われる。講演会ではジェンダー思想を徹底的に教え込まれ、子供はお父さんが怖い人であると教えられる」

「その後シェルターに入ると、主人が今までしてきたことを書けと言われて延々と紙に書かされ、〝もしあなたが旦那のもとに戻ったら、それは子供に対しては児童虐待になるので、その時は子供は児童相談所の施設に入れなければならない〟と脅《おど》される。子供はシェルターに入っている間は学校にも行けず、ひたすら父親の悪口を書かされ、ここでも相談所同様、父親は怖い人と教えられる。こうして子供が書いた物は裁判でも使えるし、こういうものを父親に見せることで父親はショックを受け子供を諦めるようにする目的がある」

多くの子どもは逃げることもできないまま、「片親疎外《かたおやそがい》」と呼ばれる洗脳行為を繰り返し受け、生き別れになった家族に対する根拠のない憎悪の念を抱きながら育っていく――多くの子どもに取り返しのつかない心理的外傷を与えつつ、平然と金儲けに勤《いそ》しむのがシェルターの運営者たちである。

では、DVシェルターは、どのようにして「実子誘拐」ビジネスにより儲けるのか。その点も取材を受けた母親が説明している。

「DVシェルターは民間であり収容人数に応じてお金が行政から支給されるので積極的に収容し、さらに入所させて何人離婚させたかで評価されるため、何が何でも離婚させる」

厚生労働省の「婦人保護費国庫負担金及び国庫補助金交付要綱」を見ると、その発言が正しいことがわかる。「一時保護委託費」という名目で、暴力被害者に対し日額七千七百九十円、就学前児童の同伴児に対し日額四千六百三十円などが国から支給される。あくまでも一時保護なので二週間以内の滞在が原則である。

そこで、何カ所かのシェルターを転々と移動させることもあるという。たとえば母親が二人の就学前の児童を連れて一時保護され、三カ所のシェルターを二週間ずつたらい回しにされた場合、約七十万円もの補助金が国から支給されることになる。

濡《ぬ》れ手《て》に粟《あわ》の官製ビジネスだがお客が来なければ始まらない。言い換えれば、彼らがシェルターを運営するにあたり、数多くの「DV被害者」を収容することが至上課題であり、そのためには「DV被害者」を数多く仕立てる必要がある。前述のとおり、シェルターに収容した母親に夫のDVを捏造《ねつぞう》する作業を強制し、子どもを洗脳するのはそう言った理由からだ。

シェルター収容者＝DV被害者という嘘

『祖国と青年』には別の女性のシェルターでの体験も記載されている。
「彼氏ができたので離婚を有利に進めたいからシェルターに入った」というその女性は、シェルターに入った後、書類に夫から受けたDVを書くように言われ、暴力はなかったと言ったところ、「暴力や暴言だけでなくて、あなたが嫌だなと思ったことは全部DVなのよ」と言われたという。

シェルターネット元代表の近藤恵子が、朝日新聞紙面で「被害者が（シェルターに）逃げてきているという事実が、DVの明確な証拠」と主張しているのも同様の理由だ。このような詭弁《きべん》を弄《ろう》することで、とにかく収容してしまえば、その者をDV被害者とカウントして政府に補助金申請することができるのである。

第二章でとりあげたように、近藤は、産経新聞の取材に対し「DVが冤罪《えんざい》というのは加害者の論理だ。支援に当たったケースで冤罪DVはゼロ」と言い切っている。たしかに、近藤が朝日新聞に語った「論理」に基づけば「シェルター収容者＝DV被害者」なのだから、DV冤罪は決して起こることはない。同様に、『ドメスティック・バイオレンス』の著者である鈴木隆文弁護士が主張するように、「男性＝加害性がある」としてしまえば、DV冤罪は起こりえない。男性は婚姻した瞬間からDV夫だからである。

このように、イデオロギーという「真実を覆《おお》い隠す呪文」を唱えれば、DV冤罪などは存在しないことになる。しかし、真実はシェルターから逃げてきた方々が証言しているとおりである。婦人相談所など公的機関も関与し、組織的に「冤罪」を作り出し、何の罪もない父親を「DV夫」に仕立て上げるおぞましい仕組みができている。

DVの捏造は、「実子誘拐」をした多くの母親にとっても都合がよい。シングルマザーに対しては偏見の目で見られる場合が多いが、「DV夫から逃げてきたのだ」というストーリーを語ると、多くの人たちが同情の目に変わり積極的に支援してくれるからだ。

上記の少女は講演のなかで、誘拐に伴い転校した学校に対し母親が「父親は児童虐待を行い、ストーカー行為をし、連れ去りを図ろうとしている」と伝えたことに言及し、「これはすべて嘘だ。お母さんはこのストーリーを創作した。でもその部屋にいた校長と先生二人とも完全に信じて、お母さんに『心配することはない、お父さんには子どもたちに近づかせないようにする』と言った」と述べている。

なお、上記の要綱には各種の加算金についての規定もある。たとえば、「精神科医雇上費」は「精神科通院により投薬治療を受けている者及び施設内において専門医の処方を受けている者」が、「十人以上を占めている施設」に対し加算するものである。

ＤＶシェルターから逃げてきたある女性から聞いた話では、シェルターの収容者全員が怪しい薬を毎朝強制的に飲まされ、それを飲むと意識が朦朧《もうろう》としたという。これが本当であれば明らかな人権侵害だ。

内閣府男女共同参画局の報告書に記載されている調査によると、民間のシェルターは全国で百七カ所あり、なかには運営費が四千万円を超えるシェルターもあるとのことである。そのような施設に膨大な税金がおちている。

内閣府男女共同参画局が公表する二〇二〇年度の政府予算書によると、「女性に対するあらゆる暴力の根絶」に対する予算は一千三百七十六億円。そのなかの大半が「児童入所施設措置費等」であり、シェルターへ交付される予算もそこに含まれている。

シェルタービジネスが生まれた背景

この巨大な官製ビジネスはどのようにして生まれたのか。

きっかけは、社会民主党の福島瑞穂元内閣府男女共同参画担当大臣らが中心となり議員立法で成立した「配偶者からの暴力の防止及び被害者の保護等に関する法律（ＤＶ防止法）」である。二〇〇一年に成立したこの法律により、ＤＶと名をつけた活動に税金を支出する根拠ができた。

この法を足場にしてDVシェルタービジネスの確立に寄与した団体が、公益財団法人「日本キリスト教婦人矯風会《きょうふうかい》」と特定非営利活動法人「全国女性シェルターネット」である。

矯風会は、一八八六年に公娼制度廃止などを目的に創設された団体で、DVシェルター「ステップハウス」などを運営している。戦時中「米国共産党の対日工作費が、かつて張学《ちょうがく》良《りょう》経由で日本にばら撒《ま》かれたとき、キリスト教矯風会の婦女子らの手をかりた」との指摘もあるが、これが事実であれば彼らの左翼活動の闇は極めて深い。

全国女性シェルターネットは一九九八年創設。活動の九割以上は「二十四時間全国ホットライン事業」で占められ、その活動費約一億円は厚生労働省からの補助金で成り立っている。この団体は婦人相談所と同様、受けた案件を各民間シェルターに手配する役割を担《にな》っている。

『祖国と青年』（二〇一九年十月号）に掲載された「DVを捏造する民間シェルターの問題点」によると、シェルターネットは矯風会の傘下にある。その証拠として、団体の住所が二〇一四年まで矯風会と同じ住所であったことや、シェルターネット元理事の大津恵子が矯風会の元理事であったことが挙げられている。

この大津は二〇〇二年から二〇一〇年の八年間にわたり内閣府男女共同参画会議「女性に対する暴力に関する専門調査会」委員として国のDV関連政策に介入し続けてきた。矯風会も、内閣府男女共同参画推進連携会議議員に「団体推薦」として二〇〇二年から二〇一三年まで代表を送り込んでいる。このように、内閣府男女共同参画局は、矯風会とシェルターネットの強い影響下にある。

シェルターネット元代表の近藤らの卒田さんに対する名誉毀損《きそん》の刑事告訴及び民事訴訟は、前述のとおり、近藤が講師を務める内閣府主催の「DV相談員研修会」の場で、シェルターネット共同代表の北仲《きたなか》千里《ちさと》、土方聖子《ひじかたきよこ》の名前で配布されたビラに関するものである。

この行為が問題であるとして、二〇一七年二月十四日の衆議院予算委員会や同年三月八日の衆議院法務委員会で議論が提起されたが、その議事録などを見ると、加藤勝信《かつのぶ》内閣府男女共同参画担当大臣が当該行為に対し「のぞましくない」との答弁をする一方、部下である内閣府の男女共同参画局職員が必死に近藤らを庇《かば》う姿が見て取れる。

当初、近藤らは「そんなビラを配布していない」と嘘をついたが、内閣府職員はその発言の真偽を検証せず追認し、「ビラは配布していない」として押し通そうとした。

実際にビラが証拠として提示されると事実として認めたものの、「再発防止策を図るからよいだろう」と主張し、近藤らの行動を不問とした。その上で、北仲を内閣府主催「DV等の被害者のための民間シェルター等に対する支援の在り方に関する検討会」の構成員に選んだのである。

内閣府男女共同参画局の職員がなぜそこまでシェルターネットや矯風会を庇うのかはわからないが、いずれにせよ政府が決して関わってはならない団体だろう。

慰安婦問題とDV捏造問題

上記の衆議院法務委員会において「全国女性シェルターネット等による極端な行動の背景に、慰安婦問題などで極端な活動をしている団体の深い関与のおそれがあり、その背景を調査する必要がある」との指摘に対し、石原宏高《ひろたか》内閣府男女共同参画担当副大臣は「鋭意検討する」と答弁している。

『祖国と青年』（二〇一六年二月号）の記事によると「矯風会は『慰安婦問題』の火付け役を自認しており、昭和六十三年頃から慰安婦問題に関わるようになったという。さらに平成十四年から二十三年までステップハウス所長を務めていた東海林路得子《しょうじるつこ》は、従軍慰安婦問題を取り上げた女性国際戦犯法廷を主催した『戦争と女性への暴力』日本ネットワークの共同代表も務めた人物だ。

元慰安婦の韓国人女性と韓国挺身隊問題対策協議会（挺対協）などによる日本政府に対する抗議集会『水曜デモ』も支援している。親北組織である挺対協と協力関係にあること自体に矯風会のいかがわしさが滲《にじ》み出ている」と記載されている。

矯風会ステップハウス編『女性への暴力防止・法整備のための国連ハンドブック』の解説を書いた角田《つのだ》由紀子は、日弁連「両性の平等に関する委員会」副委員長も務めた人権派弁護士であり、「ハーグ慎重の会」に大津恵子とともに名を連ねている。

この角田は、「慰安婦捏造記事裁判」で元朝日新聞記者の植村隆の弁護団副団長として、また日本の若者が慰安婦問題を学ぶ資金を提供する『希望のたね基金』の顧問として広く知られている。なお、基金設立の会見には挺対協代表の尹美香《ユンミヒャン》(二〇二〇年四月十五日、韓国の国会議員として当選。同年九月十四日、元慰安婦施設への寄付金横領など八つの罪で起訴)も参加している。

米国弁護士であるケント・ギルバートは、著書『日弁連の正体』のなかで、特定非営利活動法人「ヒューマンライツ・ナウ」事務局長の伊藤和子弁護士が慰安婦問題について《「強制連行があったか否か」しかも物的証拠があったか否かの一点に執拗《しつよう》にこだわり、問題を矮小化《わいしょうか》し、「強制連行の証拠すら見つからなければ日本に加害責任はない」と言わんばかりの態度は全《まっと》うな人権感覚から著《いちじる》しく外れる》とブログに記載した件を取り上げ、「この主張からは、物的証拠が見つからなくとも『推定有罪』という考えが見て取れます。彼女は本当に弁護士なのでしょうか」

と疑問を呈している。

伊藤の主張は、シェルターネット元代表の近藤が主張した「被害者が（シェルターに）逃げてきているという事実が、ＤＶの明確な証拠」に近似する。その近藤も「〝性奴隷『慰安婦』問題〟証言集会」を二〇〇七年に開催している。

また、ギルバート弁護士は「慰安婦問題がここまで世界に広がったのは、日弁連の名の下で活動した弁護士たちなのです」と述べ、弁護士出身の福島瑞穂元内閣府男女共同参画担当大臣らの名を挙げ「慰安婦問題の仕掛け人、黒幕」と糾弾している。

慰安婦問題とＤＶ捏造問題は構造が似ている。当然だ、同じ者が同じように仕掛けているからだ。なお、近藤は、福島瑞穂のサポーターとして、榊原富士子、打越さく良、角田由紀子、宇都宮健児などの（元）弁護士や赤石千衣子、矯風会元会長の高橋喜久江とともに、福島のホームページに掲載されている。近藤が取材に答えているところによると、学生時代は全共闘運動に関わり、北海道ウイメンズ・ユニオン書記長を務めている。

筋金入りの活動家だ。

このような反政府活動家らが内閣府男女共同参画局に入り込み、自らの活動を「補助」する仕組みを作り上げ勢力を拡大してきた。結果、政府もメディアも触ることのできないＤＶ捏造ビジネス・拉致監禁ビジネスの「聖域」ができあがってしまったのである。

その彼らの「聖域」に切り込むと大変なことになる。

杉田水脈議員はなぜ標的にされるのか

二〇二〇年九月二十五日、NHKが「自民党の杉田水脈《みお》衆議院議員が、党の会議で女性に対する暴力や性犯罪などに関連して『女性はいくらでもうそをつける』などと発言していたことがわかりました」と報じた。記事には、日本共産党の田村智子議員の「怒りを抑えられない」とのコメントまで添えてある。

これに対し、杉田議員は報道の翌日にブログで以下のように主張している。

《まず、報道にありましたような女性を蔑視《べっし》する趣旨の発言(「女性はいくらでも嘘をつく」)はしていないということを強く申し上げておきたいと存じます(筆者注：後述のとおり、杉田議員は、その後指摘された発言があったことを認め、ブログ上で訂正し謝罪)。

私が出席しておりました内閣第一部会・内閣第二部会合同会議では、男女共同参画の来年度要求予算額についての説明がありました。

男女共同参画の要求額が今年度の2倍となっており、その中で「女性に対する暴力対策」への比率が高かったことを受け、以下のような内容の発言をいたしました。(中略)

被害者が民間の相談所に相談をして「気が晴れました」で終わっては、根本的な解決にはなりません。警察の中に相談所を作り、女性警察官を配置することで敷居を下げ、相談しやすくすることができるのではないか、また、それが警察における女性活躍にも繋がるのではないかということを申し上げました。

また、慰安婦問題と女性に対する暴力は全くの別問題ではありますが、一方で民間団体の関与という点においては、韓国の挺対協が「聖域」になってしまって、長年誰も切り込めなかった期間の公金の不正利用などの問題が次々と発覚していることもあり、日本でも同じ問題が起こる可能性を懸念する声もあります。

新規事業として民間委託を拡充することだけでは、女性の人権を守り、暴力問題の解決をのぞむ世論と乖離《かいり》するのではないでしょうか、という趣旨の意見を申し上げました》

杉田議員の発言が事実であれば、杉田議員は「実子誘拐」ビジネス集団が自らの利権拡大のため政府予算を増額させる企みを阻止しようとしたことになる。杉田議員が提案するように警察のなかに相談所を作れば、不安を抱えた母親に「実子誘拐」や虚偽ＤＶを教唆《きょうさ》して親子を拉致監禁するビジネスはできなくなる。

杉田議員は、かつて「実子誘拐」ビジネスに伴う虚偽ＤＶについても自らの動画サイトでとりあげ、

「（『実子誘拐』ビジネスに）群がっている人権派弁護士とか、そこにいる人、組織、構図が慰安婦問題とまったく一緒です」

と述べている。

杉田議員は、この問題の本質を理解している数少ない議員である。杉田議員の提案は、「実子誘拐」ビジネス集団に大きな打撃を与える効果的な一手であり、このような提案は本質を理解しているからこそ出てくる。得体の知れない民間団体より警察に任せた方が本当にDVを受けている女性を救うことができるのは言うまでもない。

「実子誘拐」ビジネス集団は、杉田議員の極めて合理的な提案に対し反論できない。だからこそ「女性の敵」「ネット右翼界の寵児《ちょうじ》」などというレッテルを杉田議員に貼りつけ社会的に抹殺しようと図っているのだろう。彼らのいつものやり口である。

なお、杉田議員は「女性はいくらでもうそをつけますから」と発言したことを後のブログで認め、《嘘をつくのは性別に限らないことなのに、ご指摘の発言で女性のみが嘘をつくかのような印象を与えご不快な思いをさせてしまった方にはお詫び申し上げます》と謝罪している。

たしかに、嘘をつくのは女性のみではない。その言い方が軽率であったとの謗《そし》りは免れないだろう。しかし、杉田議員は「女性が嘘をつく」という発言自体については訂正もせず謝罪もしていない。その点は評価したい。

フジテレビの平井文夫・上席解説委員は出演した番組で、杉田議員を「非常にちゃんとした保守政治家」と評価しているが、その通りである。圧力に負けて正しい発言まで訂正し謝罪したら、政治家以前に人間として失格だ。『AERA』編集部の方々には、ぜひ杉田議員を見習っていただきたい。

女性の敵は暴力被害者を装う女性

多くのメディアは、「性暴力被害者を侮辱する発言」などとして杉田議員の主張を曲解して報道した。しかし、杉田議員のブログを見るかぎり、彼女は性暴力被害者を侮辱などしていない。彼女が問題としているのは、「得をしようと暴力被害者を装う女性がいる」という点。「女性が嘘をつくと得をするが、男性は得をしない」。この構造が杉田議員の発言の背景にある。たとえば、内閣府の予算項目に「女性に対する暴力対策」はあっても、「男性に対する暴力対策」はない。

杉田議員がブログに書いているように《暴力や性犯罪は、人間の尊厳を踏みにじる許されない犯罪》だ。本当に犯罪被害に遭った女性には、二〇一二年四月三日の読売新聞記事「親権欲しさ　虚偽DV～引き裂かれる子どもたち」を読んでもらいたい。

〈妻と2人の子どもたちは、夜が明けても帰らなかった。2010年秋。中国地方の30歳代の男性は、捜索願を出した翌朝、警察からの電話に耳を疑った。「居場所はわかったが、

ＤＶ（配偶者間暴力）の届けが出ているので教えられない」。身に覚えはなく、頭が真っ白になった。携帯電話のゲームに熱中する妻が許せず、離婚を切り出したところだった。その後、子どもの引き渡しを求めた家裁の審判では、弁護士が取り寄せたゲームの通信記録から新たな事実が発覚した。

「順調に旦那ＤＶにしたてあげてる」

「（子どもを）連れてでたもん勝ちだから」

妻は、ゲーム上でそんな書き込みをしていたのだ〉

この記事で「順調に旦那ＤＶにしたてあげてる」と得意げに語る女性こそ、暴力被害者女性を侮辱している。こういう女性が、「夫が怖い」「夫からの追跡に怯《おび》えながら暮らしている」などと警察や裁判所で涙ながらに訴えているのだ。真の被害者女性が声をあげて糾弾すべきは、このように「泣きの演技で同情を誘う」女性たちであり、そのような「嘘をつく」女性を利用して金儲けする人権派弁護士やシェルターネットなどの女性団体である。本当に暴力や性犯罪の被害に遭った女性で杉田議員を攻撃している方がいたら再考してもらいたい。あなたが攻撃すべき対象は杉田議員ではない。

この読売新聞がとりあげた「嘘をつく女性」は決して例外的な存在ではない。

二〇一四年五月一日に放送された『～裏ネタワイド～ＤＥＥＰナイト』という番組の「急

増するDVえん罪！悪質すぎるDV被害の実態」というコーナーで、堀晴美《はるみ》弁護士が「虚偽の証拠をでっちあげてDV冤罪を作り上げても、なかなかこれは見破れないし、裁判所も認定しやすい」と述べ、DV冤罪は年間どれくらいあるのかとの質問に対し「年間三千から四千件あってもおかしくない」と答えている。

この推測が正しければ、毎年三千から四千人、暴力を受けたと「嘘をつく」女性がいるということになる。事実だとすれば、大変なことだ。

しかし、残念なことに、DV冤罪の数がどの程度あるかの正確な数字はない。政府がきちんと調査しないからである。

政府は、内閣府男女共同参画局のアンケート調査結果に基づき、「女性の七人に一人がDV被害に遭っている」との広報は流すが、その調査が正しい申告に基づくかどうかの裏づけをとっていない。つまり、「女性は嘘をつかない」との前提に立っているが、その前提は誤りである。正しい調査方法をもとに政府広報を流さなければ、国民を誤った方向に導くことになる。それを防ぐためにも早急に「虚偽DVの実態」を調査すべきだ。

また、諸外国でもそうであるように、「配偶者暴力罪」を新たに設け、配偶者暴力に対しては、警察が介入し事実認定をするよう法改正すべきである。同時に、政府は、杉田議員が提案するように、警察のなかに相談所を設けるとともに、「女性に対する暴力対策」についての主管を警察庁とし、「女性に対する暴力対策」予算を警察庁の予算へと振り替えてほしい。その上で、警察は活動家らが拉致監禁ビジネスをできないよう、至急、関係施設すべてに立入検査をし、犯罪行為を行っている団体職員等の逮捕、補助金の支給停止、補助金の返還措置を講じていただきたい。

さらに、民間の事業者へのDVシェルター業務の委託廃止も検討すべきである。民間に委託すると、経営のために収容者を増やさなければならないとの力学が働く。たとえば、二〇〇七年、矯風会の機関紙に婦人相談員が寄稿し「DVシェルターの在所率が低い施設は廃止されるおそれがある」旨《むね》の厚生労働省専門官の報告を伝えた上で、「早急に対処することが求められている」と提言している。「廃止されないために在所率をあげなければ」などという心配は公的施設では生じない。なんでも民間に任せればよいわけではない。民営化してはならない業務もあるのだ。

「シングルマザー」と「児童扶養手当」利権

日弁連・シェルターネットと並び、「実子誘拐」ビジネスの中核団体として誰もが名前を挙げるのが特定非営利活動法人「しんぐるまざあず・ふぉーらむ」である。「ハーグ慎重の会」には、日弁連の人権派弁護士やシェルターネット理事らに加え、この団体の代表である赤石千衣子や理事の大矢さよ子が名を連ねる。

しんぐるまざあず・ふぉーらむは、かつての名前が「児童扶養手当の切り捨てを許さない連絡会」であったことから明らかなとおり、シングルマザーの児童扶養手当給付額を増大しろと政府に圧力をかける利益団体である。

なお、児童扶養手当とは、「父母の離婚などで、父又は母と生計を同じくしていない児童が育成される家庭（ひとり親）の生活の安定と自立の促進に寄与し、児童の福祉の増進を図ることを目的として支給される手当」である。児童手当と異なり「ひとり親」にのみ支給される。毎年、約五千百億円（そのうち国費約一千七百億円）もの巨額の税金がひとり親家庭に支給されている。

厚生労働省の二〇一六年度調査によると母子世帯数は約百二十三万世帯。児童扶養手当受給者数は二〇一七年度末で九十七・三万人だ。

しんぐるまざあず・ふぉーらむ理事長の赤石千衣子にとって、この約百二十三万世帯が政治力の源泉である。その赤石が、前述のとおり、二〇二〇年二月二十八日、共同親権の法制化に反対する署名を森まさこ法務大臣に提出した。

なぜ共同親権に反対するのか。

その理由は、児童扶養手当の仕組みを理解すればすぐにわかる。

離婚後も父親と母親がともに親権者となり、子どもを共同で養育し、その子どもの養育費を引き続き共同で負担することになると、親が離婚した家庭の子どもも、離婚していない家庭で親が単身赴任している家の子どもも養育環境という意味で大差はない。つまり、離婚後も「父及び母と生計を同じくしている児童を生育する家庭」に対し、児童扶養手当を支給する法的正当性がなくなるのだ。

二〇二〇年九月十日、大阪府の寝屋川《ねやがわ》市議会において、公明党の議員が「児童扶養手当を受けることと、離れて暮らす親との関連はありますか。会わないことが児童扶養手当を受ける条件ともなる、と混乱させるようなことはないでしょうか」と質問した。

その背景には、離婚後、親権を失った親と子どもが面会交流を行っている場合、児童扶養手当が支給されないという運用がなされている実態がある。質問した議員は、この運用を「混乱」と言っているが決して混乱ではない。制度の仕組みからして当然の運用である。

共同養育が進めば児童扶養手当は不要になり、共同養育と児童扶養手当が相並ぶことは論理的にありえない。問題は、そのどちらを我々は制度として採用するか、という点にある。この点を赤石はよくわかっている。だからこそ、共同親権に大反対なのだ。

共同親権となり、共同養育が当然の前提となることは、実はシングルマザーにとっても非常によい。多くのシングルマザーは、家事、育児に加えて収入を得るために働かざるを得ず、すべてを一人でこなさなければならない。

二十四時間三百六十五日、一瞬たりとも親であることを休むことができない。しかし、共同養育になれば、育児を元夫が分担することになり、その間の子どもの家事も元夫が負担してくれる。母親としての役割から解放され、自分の時間を堂々と持つことができる。そのことを称賛されこそすれ非難する者などいない。しかも、離婚前と同様に子どもにかかる費用も負担してもらえるのである。裁判所の算定表に書かれた額以上の養育費を出すことに、育児を分担する父親の多くは何の躊躇《ちゅうちょ》もしないだろう。

しかし、赤石にとって、そのような仕組みは極めて都合が悪い。

離婚家庭にとって児童扶養手当が無縁となれば、赤石の影響力が大きく削られるからだ。母子世帯となった理由は、離婚が八割程度、未婚の母と死別はともに一割弱であり、共同親権が導入されると支援者である約百二十三万世帯の八割が赤石を必要としなくなる。「未婚の母」が子どもの父親に養育費を請求できるよう制度化すれば、赤石を必要とする者はさらに少なくなる。赤石の支援対象は「夫と死別した、子どもを有する女性」のみになるが、そのような女性たちは毛色が違う赤石を代表に担《かつ》ぐことはない。赤石の政治力は完全に失われる――。

赤石にもそのドミノ倒しの未来は見えているのだろう。だからこそ、ＤＶのケースや夫婦間の高葛藤《こうかっとう》のケースなどを挙げて共同親権導入を阻止しようと必死なのだ。しかし、これらは共同親権導入を妨げる理由にはならない。法務省が二〇二〇年四月に公表した調査によれば、対象の二十四カ国中、共同親権を導入していない国はインドとトルコのみであった。では、残りの二十二カ国では、高葛藤の夫婦もＤＶのケースもないのだろうか。常識的に考えてそれはあり得ない。

諸外国の実態を赤石が知らないはずがない。にもかかわらず、ＤＶや高葛藤を理由に共同親権導入反対を主張するのは真の理由を隠すためである。騙されてはいけない。特に政府関係者は赤石らの主張に惑わされず、ファクトベースできちんと見ていただきたい。

単純に計算すれば、共同親権にすることで、政府は児童扶養手当の総額約五千百億円の八割にあたる約四千百億円の予算を浮かせられることになる。それだけの予算を貧困状態にある、あるいは貧困状態に陥《おちい》るおそれのある子どもたちに分け隔てなく配ることで、どれほど多くの子どもたちを貧困から救えるだろうか。

世のなかの貧困家庭は「ひとり親」ばかりではない。貧しいなかで、夫婦で手を取り合い、子どもを育てている家庭も数多くある。そのような夫婦は自助の精神が強いためか、徒党を組み政府に金をよこせとクレームをつけることもない。政府は、かかる夫婦とその子どもたちに対しても、公正に手を差し伸べるべきだ。

「国が自分のために何をしてくれるのかを問う」人々のために、「自分が国のために何を成すことができるのかを問う」人々が犠牲となる社会に未来はない。

我慢しながら協力し苦しい家計をやりくりしている夫婦とその子どもたちや、お互いに声も聞きたくないが子どものために共同養育を行っている元夫婦とその子どもたちが、割を食う現行の仕組みはモラルハザードを引き起こしている。このような公正さを欠く仕組みは持続可能ではない。それは、多くの社会主義国家がたどった歴史を見れば明らかだ。

この歪《いびつ》な仕組みを維持・拡大しようとする動きを止めなければならない。赤石らの活動をレントシーキング〈企業・団体などが政府へ働きかけ、自らに都合よく規制を設定させるなどして、超過利潤〈レント〉を得るための活動〉と見れば、ノーベル経済学賞受賞者のスティグリッツが「富の収奪」と非難する行為そのものとなる。この「富の収奪」を引き起こす「ひとり親」家庭限定の優遇制度を改めれば、児童扶養手当欲しさに「偽装離婚」を行う夫婦もいなくなる。

赤石らの手口はマルクス主義者の手口そのものである。しんぐるまざあず・ふぉーらむなる団体と過激派が組織する労働組合とを並べてみれば、それはすぐわかる。政府は、マルクス主義イデオロギーについて、安保闘争や成田闘争の際などに多くの尊い犠牲を払い学習したはずだ。にもかかわらず、子どもを目くらましに使われ、家庭というこれまでと少し異なる切り口で提示されると、彼らの主張の背後にあるその存在に気づかず簡単に煽《せん》動《どう》されてしまう。これでは殉職《じゅんしょく》された方たちが浮かばれない。

極左の闘士が官房長官室で写真撮影

赤石は、二〇一五年十二月、厚生労働省「イクメンプロジェクト」推進委員会座長や内閣府「子ども・子育て会議」委員を務める駒崎弘樹らとともに菅官房長官に「児童扶養手当複数子加算の増額を要求する署名」を手渡している。

駒崎が言論プラットフォーム「アゴラ」に投稿した記事の最後には、駒崎らと一緒に赤石が「やったぞー!!」と官房長官室でポーズをとる写真が掲載されている。官邸はきちんと身辺調査をしているのか。はなはだ疑問である。

同年一月、赤石が「安倍政権に女性たちからレッドカード　1・17『女の平和』国会ヒューマンチェーン」に参加し発言している様子が『レイバーネット』のホームページに記載されている。そのことを官邸はわかった上で赤石を招待したのだろうか。そうだとしたら問題である。

赤石は、以前、「ふぇみん婦人民主クラブ」の代表を務めていた。対立する団体のホームページなどによると、ふぇみん婦人民主クラブは、一九四六年に結成された女性団体「婦人民主クラブ」が過激派（新左翼）を支持するかどうかで一九七〇年に分裂した際、過激派暴力集団を支援する活動家らが作った団体を母体とし、一九八四年に「中核派系」と「第4インター系」で内ゲバがおき再分裂した結果、設立されたとのことである。

慰安婦問題とも関係が深い。

二〇一三年二月十三日、大阪府警の公安三課（過激派担当）が「日本軍『慰安婦』問題・関西ネットワーク」のメンバー宅などを捜索し四名を傷害容疑で逮捕した。これに対し、同月二十二日、各種団体が連名で抗議文を発表したが、そのなかには矯風会と並びふぇみん婦人民主クラブの名もある。なお、赤石自身、挺対協が運営する「『戦争と女性の人権博物館』日本建設委員会」（通称：従軍慰安婦博物館）に資金を拠出している。

また、ふぇみん婦人民主クラブ代表の赤石は、一九九九年「ストップ戦争法！5・21全国集会」に登壇している。他の登壇者としては、社会民主党委員長の土井たか子、日本共産党委員長の不破《ふわ》哲三《てつぞう》、矯風会会長の一色《いっしき》義子《よしこ》、「日米新安保ガイドラインと有事立法に反対する百万人署名運動」を代表する中島誠がいる。二〇〇一年度の警察白書に記載があるとおり「百万人署名運動」とは中核派の大衆運動である。

その参加者がブログに《赤石、中島、不破が演壇上に並び発言するというようなことは数年前ではありえなかった》と感想を漏《も》らしている。この感想から、赤石が中核派や共産党を向こうに回し血みどろの戦いを繰り広げてきた歴史が推し量られる。

その極左グループの闘士が内閣官房長官室で、「やったぞー！！」と写真を撮っているのだから驚きだ。内閣官房には日本版ＣＩＡと言われる内閣情報調査室があり、警察庁公安畑出身の杉田和博官房副長官は「官邸ポリス」などと恐れられているが、この写真を見ると、政府中枢のセキュリティは大丈夫なのかと不安になる。当時の官房長官はいまや総理だ。セキュリティには一層の配慮が必要だろう。

官邸に入れてはいけない駒崎弘樹の正体

官邸だけではない。

森法務大臣は、二〇二〇年の一月に「養育費の取り立て確保に関する要望」を、二月には「共同親権の法制化に反対する署名」を大臣室で赤石らから受け取っている。団体のページには、大臣室で森大臣と並んで撮った赤石の写真を誇らしげに掲載。六月から始まった「法務省・養育費不払い解消に向けた検討会議」の構成員に赤石が任命されたことは、すでに述べたとおりだ。

法務省も一体何をやっているのか。

法務省の外局に公安調査庁がある。一九五二年、破壊活動防止法案及び公安調査庁設置法案を議題とする衆議院法務委員会公聴会に出席し、矯風会とともに法案に猛反対し政府に決議文を出したと公言しているのは、「婦人民主クラブ」書記長であり、『ソ連の小学生と中国の幼児』などの著作もある櫛田《くしだ》ふきである。

「実子誘拐」という破壊活動を主導する赤石は、その櫛田の立派な後継者だ。その不倶戴天《ふぐたいてん》の敵である赤石を法務大臣室に招き入れる動きや、法務省の会議の構成員に任命する動きを公安調査庁は見落とした。公安調査庁の調査能力などたかが知れている。解体的出直しを図るべきだろう。

駒崎についての身辺調査もしっかりしていただきたい。

・民主党政権時に、「全国のお父さんお母さん。自民党政権になると、0歳児保育がなくなるそうです」なるデマを流布《るふ》、

・チベットの惨状をNHKで報道すべきとツイッターで発言した人に対し、NHK中央審議会委員と名乗った上で《安定のネトウヨクオリティWWW》と誹謗《ひぼう》中傷、

・馳浩《はせひろし》元文部科学大臣を中心に共同養育推進を目指す親子断絶防止法が議員立法で提案された際、《ガチで頭のおかしい法案》とネガティブキャンペーンをし、立憲民主党の初鹿《はつしか》明博《あきひろ》議員（二〇〇二年、北朝鮮訪朝。二〇二〇年十月二十六日、女性への強制わいせつ容疑で書類送検されたことを理由に議員辞職）とともに法案を骨抜きに、

・朴元淳《パクウオンスン》（二〇二〇年七月九日、女性への強制わいせつ等の罪で告訴状が警察に受理された翌日に自殺）という韓国の人権派弁護士で、「女性国際戦犯法廷」に検事役で参加し、「十万人以上の韓国女性を慰安婦として強制連行・虐待した罪」で昭和天皇を起訴しただけでなく、ソウル市長就任後は「ターゲットは安倍晋三政権」と公言し日本製品不買運動を煽《あお》った男がいるが、その男が韓国に創設した「希望製作所」をわざわざ訪問し、朴を礼賛《らいさん》するブログを書いていたこと、

官邸や法務大臣室に決して足を踏み入らせてはならない者であることは、「少し調べればわかるはず」だ。

悲惨な子ども＝お金の匂い

なお、この駒崎についてぜひ知ってもらいたい事実がある。

それは、彼が代表理事を務める特定非営利活動法人「フローレンス」についてである。その会計報告を見ると、二〇一九年度の「収益」が三十億一千四百万円。二〇一五年度の「収益」が十三億三千四百万円であるから、四年間で倍以上「収益」が増えている。そして、二〇一九年度には、十四億七千七百万円を国家補助金等として受け取っている。

また、以下の点も指摘しておきたい。特別養子縁組制度というものがある。フローレン

スのホームページを見ると「赤ちゃん虐待死問題」解決のために特別養子縁組事業をスタートしたとのことだが、その費用について、特別養子縁組の登録までに二十万円程度を養親希望者から徴収し、さらに委託から家庭裁判所による審判までに、百七十万円と実費を徴収していることがわかる。

この特別養子縁組事業は、「特別養子縁組あっせん法（民間あっせん機関による養子縁組のあっせんに係る児童の保護等に関する法律）」に基づくものである。この法律は議員立法で二〇一八年に成立。法案が参議院を通過した当時の駒崎のホームページを見ると、法案の趣旨説明をする公明党の山本かなえ元厚生労働副大臣の写真を冒頭に貼りつけた上で、《ここまで頑張ってくださった、超党派の議員の皆さん（自民党野田聖子議員、木村弥生《やよい》議員、塩崎やすひさ議員、公明党遠山清彦議員、山本かなえ議員、民進党田島要議員、初鹿明博議員、林久美子元議員等、他多数）には、心からの感謝を伝えたいと思います》と記載されている。

なお、この法案成立の二年前にあたる二〇一六年、『日経DUAL』において、新生児特別養子縁組事業をスタートさせた駒崎が、山本元厚生労働副大臣にインタビューしている。駒崎が山本に対し「〝子育て支援に本気で取り組むDUAL世代の政治家〟として心強い存在でもあります」と持ち上げた上で、「今年八月分から決まったひとり親の『児童扶養手当引き上げ』にも大変ご尽力されたんですよね」と話を振り、山本は「二人目以降の児童扶養手当の加算引き上げは数十年ぶり。政治が強い意志を持って旗を振ったというのがとても大きいですね」と応じている。

以上は単なる事実の羅列《られつ》である。どう評価するかは読者に委《ゆだ》ねたい。

ただ、一つだけ言わせてもらえば、赤石や駒崎らが「悲惨な子ども」について口にする時には、なぜか必ず「お金」の匂いがする、ということだ。

彼らは巧みに時の政権に近づき自ら望む政策を実現し、望まない政策を潰《つぶ》してきた。自分たちが扱いやすそうな国会議員候補を選挙時には「激推しする尊すぎる候補」などと宣伝し、自分たちの活動の邪魔になりそうな候補に対しては落選運動を展開する――。政治家を鵜飼いの鵜匠《うじょう》のように操る一流のロビイストである。その手法は見事と言うしかない。

しかし、前述のとおり、彼らは明らかに自民党とは異なる思想信条で活動している者たちだ。その者らを政権の一員たる閣僚が自分の部屋に招き、彼らの要望を叶えるのは、自民党を支持し、自民党の代議士に一票を入れてきた支援者への裏切り行為だろう。

それ以上に問題なのは、「実子誘拐」・拉致監禁などの破壊活動を繰り返す活動家などに資金供与をし、官邸や大臣室に招き入れるいまの政府の危機管理能力の欠如だ。日本の「公共の安全と秩序」が危機に瀕《ひん》している。

「実子誘拐」問題は、その観点からも早急に手を打つ必要がある。

第七章

〝敵〟がたくらむ全体主義社会

これまで「実子誘拐」の実態を告発してきたが、ここで明らかになったのは、「実子誘拐」が横行する原因は「政財官」の癒着による利権確保だということである。「政」が立憲民主党、社会民主党、日本共産党などの野党。「財」が日弁連を乗っ取った人権派弁護士、シェルターネット、しんぐるまざあず・ふぉーらむなどの極左勢力。「官」が裁判官をはじめとする裁判所職員である。この巨大な利権がこれまで見逃されてきた。

なぜ、見逃されてきたのか。

それには、「真実を覆《おお》い隠す呪文」と呼ばれる「イデオロギー」が密接に関係している。マルクスとエンゲルスの共著『共産党宣言』には、打倒すべき「ブルジョアジー（近代資本家）」について、以下のような記述がある。

ブルジョアジーは、家族関係からその感動的な感傷のヴェールを剝ぎとって、ただの金銭関係に還元した。

ブルジョアジーは、彼らが支配権を握ったところでは、人と人との間に、露骨な利害、無情な『金勘定《かねかんじよう》』の他には、なんの絆《きずな》をも残さなかった。ブルジョアジーは、公然たる厚かましい直接の剝《む》き出しの搾取をおいた。

この『共産党宣言』は、多くの人に誤ったイメージを植えつけた。「ブルジョアジー」を打倒すべき存在にし、共産主義者ら反社会的勢力である自分たちをそれらと対峙《たいじ》するよう位置づけた上で、「ブルジョアジー」に上記のようなイメージを付与することで、まるで自分たちはそうではないかのような印象操作を行ったのである。

マルクス主義イデオロギーを信奉する者を中核とする「政財官」トライアングルの構成員の特徴は、この「ブルジョアジー」の特徴そのものだ。

彼らは、言葉のイメージをうまく操ることで、自らの行動を多くの人々に認知させないように誘導してきた。リップマンが著書『世論』で述べたように、我々は「見てから定義しないで、定義してから見る」のである。つまり、我々の多くが、「利権」＝「資本家」という「定義」を刷り込まれてしまったため、「資本家」とは縁遠い彼らの利権を「見る」ことができなかったのだ。

全体主義社会を描いた小説『一九八四年』では、あらゆる単語からイデオロギーに反する意味を削除することで、人々がイデオロギーに反する思考ができなくなる姿を描いている。

それと似たような状況にいまの日本は陥《おちい》っている。彼らは、日弁連「両性の平等に関する委員会」所属弁護士の男性蔑視の差別発言、女性から男性への「ＤＶ」、「子の利益」保護の観点から下した判決が子どもの人権を侵害している事実などを「見る」ことができなくなるよう我々の目を曇らせた。

その上で、曇りなき眼を持ち、真実を口にする極少数の政治家やメディアに対し、苦情や抗議の手紙を何百と送り付けるなどの圧力をかけ黙らせようとし、それでも黙らない場合、人格破壊などの攻撃を仕掛け社会的に抹殺を図るなど、数々の工作を行ってきた。

これだけの巨悪を大半の国民がまったく知らない、という事実ほど、強大な力が働いていることを物語る証拠はない。人々の「見方」を操作し、世論を思い通り動かせる力とは、とてつもなく大きな力である。

この並外れた力を有する「政財官」のトライアングルは、イデオロギーという毒を「政」は公明党、「財」は各種メディア、「官」は内閣府、法務省、外務省、厚生労働省などに解毒剤を見出《みいだ》せないほど大量に投与してきた。

自民党も例外ではない。

自民党の国会議員に対しても、彼らは毒を投与し洗脳しつつある。稲田朋美元防衛大臣が取材のなかで「木村弥生衆院議員が、私のところに『しんぐるまざあず・ふぉーらむ』の赤石千衣子理事長を連れてこられた」と答えているが、その木村弥生元総務政務官のツイッターを見ると、赤石や駒崎と極めて懇《ねんご》ろな関係にあることがわかるだろう。

自民党の議員も、同僚から紹介されると警戒心を持たずに話を聞いてしまう。精神的に無防備な状況で、シングルマザー世帯の子どもの話を聞かされ感情を揺さぶられると、自身が未婚の母や離婚経験者でなくとも、進んで協力を申し出るようになる。

赤石千衣子らが望む世界

たとえば、赤石らは二〇二〇年一月、諸外国の制度と同様に「養育費の（債務名義のある）取り決めを促進」しろ、「養育費の取り決め後の取り立てを確保するため養育費差押えを支援」しろ、「国は養育費の立替払い制度を導入」しろ（ただし「養育費立替払い制度導入は児童扶養手当制度との連携はしない」）、「共同親権制度など親権の在り方とはリンクさせない」などと記載した「養育費の取り立て確保に関する要望書」を政府に提出した。

すると、同年五月、自民党からも、子どもたちの未来を守るため、「協議離婚する場合、原則として養育費の取決めをしなければならない」、「諸外国の取組み（代理徴収・立替制度等）を参考に、国による債権取立て機能を強化する」、「養育費が支払われた場合の児童扶養手当の減額調整を見直す」などと記載された「養育費不払いの速やかな解消に向けた提言」が出てきた。ここには共同親権についての言及は一切ない。

諸外国で「養育費支払いを義務化」している国は、共同親権制を採用している。離婚後も法的に親であり、養育費を払うのは親としての当然の義務だからだ。もちろん、日本の児童扶養手当のような制度は不要であり存在しない。そのため、養育費の支払い義務を怠る別居親がいれば、国が養育費相当額を子どもに支給し、後にその支給額分を別居親から回収する立替払い制度が必要になる。

一方、赤石らの要望書や自民党の提言は、単独親権制度と児童扶養手当制度を維持したまま、養育費支払いを義務化し、国による債権取立て機能を強化すべきと言いたてる。児童扶養手当と養育費の二重取りの矛盾を内包するなど、杜撰《ずさん》で支離滅裂《しりめつれつ》な主張に見える。しかし、これは、現実に苦しんでいる子どもたちを救済するため経験主義的に設計された諸外国の制度を念頭に見るから、杜撰に見えるだけである。

赤石らに近い者が二〇〇六年に刊行した『侵略＝差別と闘うアジア婦人会議資料集成』には、「われわれ女性は階級社会における性奴隷である。一夫一婦制、家族制度、男女の分業の上になりたつ資本主義社会は打倒の対象である」などの記述がある。

赤石らの要望書は、このイデオロギーを現実化するためのものだ。そう考えて読み返すと、諸外国の制度と似て非なる制度の実現を要望しているのは、深い魂胆があってのことだとわかる。赤石らは、子どもをダシに使っているだけで、「子どもたちの未来を守る」気などないように見える。

しかし、要望を受けた自民党の議員ですら、赤石らの底意《そこい》を見抜けず、騙されて言われるがまま提言を作成してしまう。革命家思想の持ち主である赤石らにとって、自民党の議員を動かすことなど「ちょろいちょろいのちょろQ」なのだ。

赤石らは、この提言に加え、自らが構成員である「法務省・養育費不払い解消に向けた検討会議」の最終報告書に基づき、「養育費取立てビジネス」の実現を足掛かりに、「性奴隷である女性の解放」、「一夫一婦制・家族制度の打倒」に向けて着々と歩を進めつつある。もちろん、赤石らの原動力として、打倒すべき「男性階級」から徹底的に搾取する仕組みを潜り込ませることも忘れない。

赤石らの企図が実現した暁《あかつき》には、子どもを誘拐され親権を奪われた男性に国から「養育費支払催告書」が届くことになり、その催告書に記載された額を支払えない男性の家には、国から養育費の取立てを委託された弁護士らが押し入り、金目の物を差し押さえるといった光景が見られるようになるだろう。

最高裁の養育費算定基準は二倍、三倍に上がっていき、どこにいるかもわからない子どもの養育費を支払うとの名目で、その実、妻である立場から「解放」された女性を支援するため、借金をしながら生活する男性が急増するかもしれない。多くの男性が生活に困窮し自殺に追い込まれていく。しかし、そのことを伝えるメディアはほぼ皆無である。

一方で、「『かっこいい』お父さんになろう」との政府広報がテレビで連日流され、笑顔の男性がＡＴＭで養育費を振り込む映像を繰り返し見るようになるだろう。「親権を奪われ、親であることを国から否定されたにもかかわらず、なぜ養育費だけ強制的に支払わないといけないのか」という素朴な疑問を口にした男性は、ＤＶ被害者女性や貧困状態にある子どもの現状に無理解な「モラハラ男」としてメディアから徹底的に糾弾され謝罪を強要されることになるだろう。

――これは、ナチスドイツや文化大革命時の中国の描写ではない。そう遠くない未来に見られるだろう日本社会の描写である。家に乗り込んでくるのは、ゲシュタポや紅衛兵《こうえいへい》ではなく弁護士である。

赤石らは、この搾取構造から莫大な利益を得られる。しかし、これは第一段階で、後に得られる利益に比べれば取るに足らないものだ。

以下の展開が本番である。

彼らの「実子誘拐」ビジネスは隆盛を極め、早晩、離婚率は五割を超えるとともに男性はリスクしかない結婚をしなくなる。「一夫一婦制」は事実上崩壊する。少子化が一層進むなか、子どもが欲しい女性はタネを買って育てるようになる。父親不要の「家母長制《かぼちょう》」をとるシングルマザー世帯が未成年の子どものいる世帯の八割以上を占め、この家族形態が日本の代表的家族形態となる。社会人の圧倒的多数がシングルマザー世帯出身となり、赤石らの常識外れな主張に違和感を持たない者が社会を動かすようになる。以上が第二段階である。

第三段階。勢いに乗る彼らは政府を完全に乗っ取り、「婚姻」に関する法制度をシングルマザー差別の悪法として廃止することに成功する。実態に法制度を合わせるだけであり、大きな反対も生じない（反対する者は内乱陰謀罪で収監）。その際、エンゲルスの主張する「母系制未開社会にみられる『共産主義共同世帯』の弁証法的復活」を狙い「家族制度」も廃止。子どもは、両親が親族の力も借り自助・共助により養育する仕組みから、児童扶養手当などの公助を通じて国家が管理し養育する仕組みに改める（養育費と児童扶養手当の二重取りの矛盾も弁証法的に解消）。

「安心・安全」の観点から、親子がいつどこで会うかはＦＰＩＣを通じ国家が決定する。その決定に従わず監視者抜きで子どもと会おうとした親は逮捕・起訴され、夜霧のごとくいなくなる。文部科学省には、鈴木隆文らの『ドメスティック・バイオレンス』、熊谷《くまがい》早《さ》智子《ちこ》の『家庭モラル・ハラスメント』などを中学校の国語の教科書に掲載するよう指導させ、その内容に疑問を持つ者は高校進学すらできなくすることで、イデオロギーに反する思考をする「危険分子」が出現する芽を徹底的に摘《つ》む。

――戯言《たわごと》を言っていると笑う人は、世界の歴史を学び直してほしい。過去、同様の話を笑いとばし、その後、収容所に消えていった先人を見つけられるはずである。

全体主義社会についてアーレントは以下のように述べている。

孤立化した人間の集団をその鉄の箍《たが》で締め付け、そして彼らにとって砂漠となってしまった世界のなかに彼らを生かしておく全体的テロルの強圧と、各個人をして他の全ての人間からの孤独な隔絶に慣れさせる論理的演繹《えんえき》の自己強制力とは、テロルに支配された運動を発信させ、絶えず活動させるために、互いに呼応し、互いに他を必要とし合っている。

「善意」の顔をした地獄

赤石らの未来図では、国家権力と一体化してテロルを行使し、徹底的に家族を解体し、親子の絆を断ち切る。その上で、孤立化した「おひとりさま」たちを、その孤独な隔絶に慣れさせるためイデオロギーで徹底的に洗脳する。砂粒化した人々の上には、一つの巨大な後見的権力が聳《そび》え立ち、それだけが人々の享楽を保障し、生活の面倒を見る任に当たる。その権力は絶対的で事細かく、几帳面《きちょうめん》で用意周到、そして穏やかである。

これが赤石らの用意する我々の「子どもたちの未来」である。赤石らの欲望は常人のものとはスケールが違う。そこで多くの人が彼らの本性を見誤る。大欲は無欲に似たり。大志を抱く人々が同志とともに狙う利権は極めて大きい。国を盗り国民すべてを隷属《れいぞく》させて得られる以上に大きい利権はない。

「実子誘拐」ビジネスの行きつく先は、全体主義社会という地獄である。地獄への道は「善意」で敷き詰められている。そのことを自民党の議員には認識してほしい。

赤石の「ひとり親の子どもは食べるものがなく、野草を食べて生き延びている」という話を聞いて、同情の涙を流す心根《こころね》は素晴らしい。しかし、その赤石が差し出す毒饅頭《どくまんじゅう》を泣きながら丸呑みするととんでもないことになるのだ。

二〇二〇年八月下旬に朝日新聞に掲載された「シングルマザーと永田町」という特集記事には、笑顔でバンザイをしている赤石を囲み自民党の木村弥生前総務政務官、稲田朋美元防衛大臣、尾身朝子前外務政務官らの画像が掲載されている。この画像は、赤石らにオルグされつつあるいまの自民党の姿を象徴している。

なお、この特集記事を書いた朝日新聞の秋山訓子《のりこ》編集委員は、駒崎が代表理事を務めるフローレンスの理事をかつて務めており、駒崎との共著もある人物である。

赤石や駒崎らに煽動《せんどう》され甲斐甲斐《かいがい》しく動く自民党議員の姿を見ていると、ある人物が言ったと言われる言葉を思い出す。

「敵に対するには二つの手段がある。一つは武力によって徹底的に叩く勝利である。もう一つは敵を味方にして我々に賛同させて党の歌を唄わせる最高の勝利である」

「実子誘拐」ビジネス集団は、火炎瓶やゲバ棒では勝利すら得られないことに気づき、方針転換した。そして、いまや最高の勝利に向けてあと一歩のところまできている。朝日新聞の秋山編集委員に絶賛される自民党の国会議員の方々が唄っている歌はどこの党の歌なのだろうか。

「実子誘拐」ビジネスネットワークは、ひそかに自民党にまで侵食し、極めて大きなクラスターを形成しつつある。我々の社会を奪いとるための橋頭堡《きょうとうほ》も政府内に築き上げた。偉大なる指導者として赤石や駒崎らの肖像画を部屋に飾る日がいつの日か来るかもしれない。たかが非営利活動法人の代表と侮《あなど》るなかれ。ヒットラーは、総統になる十年前は一揆《いっき》をおこし獄中にいた。スターリンは、最高指導者になる十七年前は銀行強盗をし逃亡中の身であった。彼らが後に一国の元首になるとは、当時誰が想像できただろう。

このような全体主義の台頭を阻《はば》む防波堤が「法の支配」である。しかし、フランス議会などから婉曲的《えんきょくてき》に指摘されているように、我が国の「法の支配」は崩壊寸前だ。

「法の支配」と全体主義の関係について、オーストリアに生まれナチスによる自国の併合を経験したハイエクは、その著書『隷属への道』で以下のように述べている。

「法の支配」の衰退の歴史、あるいは「法治国家」の消滅の歴史は、自由裁量という曖昧《あいまい》な形式が立法や司法へとますます導入され、その結果、法や裁判は政策の道具でしかなくなってしまい、恣意性《しいせい》と不確実性が増大し、人々の尊敬を失っていった、という経緯として捉《とら》え直すことができるだろう。この点に関して、ドイツの場合を指摘しておくことは重要である。すなわち、ヒットラーが政権を手にする何年か前に、すでにドイツでは「法の支配」は着実に衰退を始めており、また、それとともに全体主義的計画化の色彩を濃厚にたたえた政策が、後にヒットラーが完成することになった歴史的達成の、かなりの部分を既になし終えていたのである。

「継続性の原則」と呼ばれる、法に一切規定のないレトリックを使い、裁判官が裁量で親権者を決定する現在の裁判所や、法務省に出向した裁判官の暗躍により「実子誘拐」や共同養育に対し一切立法措置を講じないいまの政府を見るかぎり、日本の「法の支配」の衰退は明らかだ。一方で、法務省主導で「安全・安心な（監視付き）面会交流」や「国による養育費取立て機能強化」など、全体主義的計画化の色彩を濃厚にたたえた政策が次々と実現しようとしている。つまり、我が国は、後に赤石や駒崎らが完成することになる歴史的達成の、かなりの部分をすでになし終えようとしているのだ——。

全体主義は「法の支配」の堤防が決壊したところから侵入し、一気に社会全体を呑み込む。決壊後は為《な》す術《すべ》がない。だが、事前に堤防を破壊している者を把握できれば決壊を止められる。歴史的達成の野望を打ち砕くことができる。今回、決壊前に卒田さんへの集団リンチが行われたことは不幸中の幸いだった。この破壊集団の全容をつかめたからだ。

彼らの愛読書である『蟹工船』の一節を借りれば、

「今度という今度こそ、『誰が敵』であるか、そしてそれ等が(全く意外にも！)どういう風に、お互いが繋がり合っているか、ということが身をもって知らされた」のである。

我々の〝敵〟は、お互いの配偶者ではない。裁判所で罵《のの》り合う夫婦は、少し周りを見渡してほしい。自分たち夫婦に武器を持たせて戦わせ、そこから金を掠《かす》め取っている者たちがいることに、そして、その者たちがお互いに繋がり合っていることに気づくはずである。彼らこそが我々の〝敵〟だ。

子どもを奪われた母親たち

二〇二〇年九月十六日、厚生労働省で、離婚や別居によって子どもに会えなくなった母親たち二十三人が記者会見を開いた。

子どもを夫と義母に奪われ、子どもに会わせてもらえないだけでなく、子どもが「しね」

「ババア」と書いた紙を持っている写真などが送られてくる母親や、自宅を追い出されて子どもと引き離されたにもかかわらず、「継続性の原則」に基づき親権者を父親とするのが妥当とする判決を言い渡された母親など、悲惨な話が次々と語られた。子どもを奪われて自殺に追い込まれた女性の母親からの訴えもあった。

この母親たちの話を聞けば、誰しも、彼女たちの夫らの非情さや狡猾《こうかつ》さに強い憤《いきどお》りを覚えるはずである。しかし、その夫らは本当に非難される対象なのだろうか。彼らは、最愛の子どもたちとの関係を失わないために合理的な行動をとっただけではないか。

つまり、「はじめに」で述べたように、現行の仕組みにおいて、夫婦関係が破綻《はたん》した後でも子どもとの幸せな生活を確実に維持する唯一の手段は、「配偶者より先に子を奪い、その後、徹底的にその配偶者を貶《おとし》めて親権を奪う」ことしかない。

裁判所で次々と不条理に親権を奪われ、子どもに会えず自殺に追い込まれる父親たちの話を聞き、自分はそうなりたくないと考えて子どもを先に連れ去る父親がいても、それを責めるのは酷である。

古代ローマの闘技場において、卑怯《ひきょう》な手を使い、あるいは残酷なやり方で相手を殺した剣闘士がいても非難すべきではないのと同じ。闘技場を生きて出られるのは、どちらか一人である。彼は生き残るために最善を尽くしたのだ。最も非難されるべきは、人間同士を戦わせ高みの見物をしている者たちである。

同様に、「実子誘拐」問題で一番非難されるべきは、裁判所という闘技場で、夫婦の戦いを見世物のように楽しみつつ荒稼ぎしている「政財官」の「実子誘拐」ビジネス集団である。闘技場を出る時、どちらかの親は必ず「親権」を奪われる。このような状況を作り上げた上で、彼らは、夫婦を「高葛藤《こうかっとう》」状態に追い込む。「実子誘拐」やDV捏造《ねつぞう》という武器を母親に与える。これは、闘牛で闘争心の足りない牛に刺す槍《やり》のようなものである。

この槍を刺されれば、それまで穏やかな夫であったとしても、妻を全力で攻撃するようになる。

「こんな争いはしたくないから、書面など提出したくない」と言えば、裁判官から「親権は欲しくないんですか」と鞭《むち》が入れられる。こうして裁判所という逃げ場のない場所で「親権」を巡り夫婦同士は徹底的に戦わされ、家族は完全に解体される。

家族は「ただの金銭関係に還元」され、親子の交流などという「感動的な感傷のヴェール」は剝ぎとられ、「『金勘定』の他には、なんの絆をも残さない」状態になる。そして「実子誘拐」集団という〝敵〟に徹底的に「搾取」されるのだ。

なお、「実子誘拐」集団は男性の「敵」であり、女性の「味方」だと誤解している人もいるだろうが、彼らは女性の「味方」では決してない。たとえば、「実子誘拐」の被害に遭った女性が、某女性団体の理事長に助けを求めたところ、「あなたみたいな女は助けてやらない」と鼻であしらわれたと聞く。

彼らは、自らの利権に役立つ女性のみ支援し、その女性の家庭をバラしてハイエナのように貪《むさぼ》り食う。そして、社会を赤く赤く染めていく――。

この「家族解体」の一番の犠牲者は子どもだ。

彼らの金儲けのため、そして、天下り先の確保のために、どれだけ多くの子どもが誘拐されたか、虐待死に追い込まれたか。

二〇〇四年の厚生労働省の調査によると児童の虐待死百二十五件のうち、ひとり親家庭三十三件（二六％）、子連れ再婚家庭十六件（一三％）と、実親が一人しかいない家庭で数多く起こっていることがわかる。これは、ニュースなどを見れば明らかなとおり二〇〇四年だけの話ではない。

二〇一四年四月、一歳六カ月の隆雅《りようが》ちゃんが母親と同居していた男に虐待され死亡した。仮通夜で離婚から四カ月ぶりに息子と再会した父親は、読売新聞の取材に「母親に会うのを嫌がられていたとはいえ、どうして行ってやらなかったのか」「助けられなくてごめんな」と胸の内を明かしている。

二〇一六年六月、離婚裁判で親権を獲得した母親が九歳の愛実《めぐみ》ちゃんの首を圧迫し、殺害した。父親は「（離婚後、母子が）どこに住んでいるのかわからなくなり、見守りが続いていると願うしかなかった。本当に悔しい」と述べている。

二〇一八年三月に起きた目黒女児虐待死事件は、数多くの報道がなされたので知らない人は少ないだろう。殺された五歳の結愛《ゆあ》ちゃんは毎朝四時に起き、ひらがなの練習をさせられていた。

《もっとあしたはできるようにするから　もうおねがい　ゆるして　ゆるしてくださいおねがいします》

その小さな手で母親と継父に許しを請《こ》う言葉を綴《つづ》ったノートを残し、結愛ちゃんは息を引き取った。結愛ちゃんは「前のパパが良かった」と言っていたという。

このように、毎年、実親が一人しかいない家庭で子どもが殺されている。そのなかには共同養育にしていれば救えた命も数多くある。

〝敵〟の利権を維持・拡大するために、子どもが殺されるなど絶対あってはならない。第五章で述べた政府への三点の要望を実現することで、この〝敵〟の勢いを弱めることはできる。しかし、それでは不十分だ。〝敵〟の利権構造が残存するかぎり、ハーグ条約国内実施法を換骨奪胎《かんこつだったい》したように今度も巧妙な策を講じ息を吹き返すだろう。全体主義社会実現に向けて彼らは再び邁進《まいしん》し始める。では、この利権構造を完全に壊し、共同養育を実現するには、どうしたらよいのか。

希望の光はフレンドリーペアレントルール

その答えはすでにある。

百日面会交流提案訴訟の一審判決（松戸判決）である。この「松戸判決」は、彼らの数千億円の利権を破壊し、全体主義社会への野望を砕く力があった。だからこそ、彼らは総力を挙げて卒田さんを潰《つぶ》した。

「松戸判決」では、卒田さんが提案した「自分が親権者になれば、母親に子どもを年間百日以上会わせる。その取決めを破ったら親権者を変更する」案を採用した。これを法制化すればよい。つまり、離婚別居時には共同養育の取決めを公正証書にすることを義務化するとともに、その取決めを破った場合、裁判所は親権者を変更しなければならない旨《むね》を法律で規定すればよい。

この取決めは、どんなに「高葛藤」の元夫婦だろうと守られる。相手に嫌がらせをして子どもに会わせなければ、親権が相手に移ってしまうのだ。散々嫌がらせをした相手に子どもが引き渡されたら、相手は仕返しをし、一切子どもに会わせないおそれがある。それをおそれて、どうしても取決め通り実行しなければならない。これは俗に「フレンドリーペアレントルール」と言われるが、その意味は高葛藤になりがちな親たちを無理やり「フレンドリー」にさせることからも、そう呼ばれるのである。

この取決めを実行していく上で第三者が関与する余地はない。せいぜい、取決めが守られなかった場合に裁判所が親権者変更で介入するくらいである。これによって裁判所は、夫婦が子どもを相手から奪い取るための闘技場ではなくなる。「実子誘拐」の教唆幇助《きょうさほうじょ》も、DVシェルターの監禁も、FPICによる監視もすべて不要だ。

養育費についても取決めに記載し、公正証書にすることを法律で義務づければ、養育費の取立てと称して人権派弁護士らが介入することもない。養育費が支払われない場合、裁判所に訴えれば、裁判所が無料で執行してくれるからだ。養育費から三〇％の手数料が抜き取られることもない。児童扶養手当増額を要求する利益団体も養育費相談支払いセンターも不要である。

フレンドリーペアレントルールなど必要ないという意見もある。「実子誘拐」ビジネスは、（元）夫婦が「高葛藤」で彼らだけで話し合いができないことが大前提である。したがって「高葛藤」にならないよう（元）夫婦が自制できれば、フレンドリーペアレントルールがなくても〝敵〟が入り込む余地はなくなる。しかし、そんなことは実際できるのか。

日本で共同養育は可能なのか

二〇二〇年九月二十七日、女優の竹内結子《ゆうこ》が急死したとのニュースが流れた。それに伴い、元夫である歌舞伎俳優の中村獅童《しどう》との間の子どもについて様々な報道がなされ、テレビでは、子どもと中村獅童が定期的に会っている現状が報じられた。

「私がすごいと思ったのは、不倫スキャンダルが原因で離婚されたじゃないですか。それとこれとは別で、息子さんを元旦那さんに会わせることができる竹内さんもすごいし、息子さんがお父さんって呼べるような存在にちゃんとしている。息子さんの人生ということで、『ちゃんと尊敬できる人なのよ』ってしていたんだなと思いました」

とキャスターがコメントしていたが、竹内や中村のようにかつては「高葛藤」だった元夫婦だろうと、子どもを第一に考え「フレンドリー」な関係を構築することは可能であり、それを禁ずる制度はない。

離婚したタレント・千秋と芸人・遠藤章造も子どもが定期的に両方の親と会う形をとっている。千秋はSNSで、

《娘は今も毎週、パパに会っています。離婚してから約12年、シングルマザーの期間約10年を経て、それぞれ色々環境が変わりましたが、それとは関係なく、あいも変わらず毎週

パパのお家に泊まりに行っています》

と明かし、

《（離婚時）まだ小さかった娘にとっては寂しい結果を選んでしまったけど、だからこそ、そのなかでの一番いい方法を考え、選んだのが『変わらずいつでもいっぱい会えること』でした》

と説明している。

千秋は、二〇二〇年十月二十三日、テレビの番組に出演した際に次のようなことも述べている。

「（娘を父親に）会わせることで、私がパパの悪口を言わないんですよ。だって、娘に父親を好きでいてほしいから、私が少しでも悪口を言ったら影響をダイレクトに受けるじゃないですか。だから、『パパは良い人だよ』とか良いことしか言わない。で、あっちも何か言ったらこっちにチクられるから、お互いに悪いことは絶対に言わない。喧嘩をしない前提の平和条約みたいな感じ。だから、娘は私の前でも『パパ大好き』とか言うし、いまのところ良かったなと思う」

彼らのように、夫婦の関係と親子の関係を切り離して考えることができ、子どもの幸せを第一に考え自制できる元夫婦であれば、フレンドリーペアレントルールがなくても共同養育を行うことは可能だ。

もちろん、中村や遠藤が子どもに会う際に、第三者が入り込んでいる様子はない。親子水入らずの関係に水を差す邪魔者など存在しない。

ただし、フレンドリーペアレントルールが整備されていない現行の制度下で彼らのように共同養育を実践することは極めてリスクが高い。元夫婦の一方が自制できず裏切り行為をした瞬間、共同養育は崩壊する。離婚時に親権を獲得した母親が、父親と子どもとの長期にわたる面会交流を認めたところ、母子の関係が断絶した事例を少なからず聞く。約束した面会交流期間が終了しても父親が子どもを返さず、その後、裁判所が「継続性の原則」に基づき親権者を父親に変更してしまうからだ。

現在の日本において、共同養育は人間ができた元夫婦しか実践できない極めて繊細で脆《ぜい》弱《じゃく》なものであり、一部の子どもしか享受できない贅沢《ぜいたく》である。しかし、それは不公平だ。子どもは親を選べない。人間ができていない親の下《もと》に生まれてしまった子どもは親の離婚に伴いどちらかの親と会えなくなる。虐待を受けても親に助けを求めることもできない。

そのような不公平な状況を改めるため、瀕死の状態の「法の支配」を復活させ、フレンドリーペアレントルールを導入するとともに、最初の「実子誘拐」も含めて刑事罰とする裁判運用に改める必要がある。

信頼を裏切る「アンフレンドリー」な親が不利益を被《こうむ》るよう制度を構築し、人間ができていない身勝手な親の子どもでも共同養育を享受できる環境を整備しなければならない。日本以外の先進国で共同養育がスタンダードとなっているのは、このような制度が構築されているからだ。

日本も真の「法治国家」になり、諸外国と同様の制度的担保を構築すれば、元夫婦がお互いに、相手の裏切りを心配せず安心して共同養育をできるようになる。

これこそが「安全・安心な面会交流」のための具体策だ。

制度を改めるにあたっては、共同養育へ舵《かじ》を切るだけでなく、どちらが親権者になるか、という残酷な椅子取りゲームをさせないために、共同親権にすることも重要である。一つしかない椅子を二人で取りあえば「高葛藤」にならない方がおかしい。なお、離婚後共同親権制を導入しても子どもと会える制度的保障はない。いまでも離婚前は共同親権であるにもかかわらず、「実子誘拐」に遭った瞬間から子どもに会えなくなる。子どもと確実に会うためにはフレンドリーペアレントルールの導入が必須である。

年間百日の面会交流の約束を守らない親に対し、親権ではなく監護権を変更する形でフレンドリーペアレントルールを適用することで、共同養育は担保できる。第二章で紹介した女性弁護士が「共同親権制が世界の標準だが、その運用の要が、フレンドリーペアレントルールの徹底である」と主張しているがその通りだ。

「共同親権」導入の戦いは、この女性弁護士が主張するように「子どもに優しい、人権が守られる社会へ、日本が変わる」のか、あるいは赤石らが企図する全体主義社会へ日本が変わるのか、この国の興廃がかかっていると言っても過言ではない。

共同親権に反対する保守派の愚

このような状況下で、「共同親権を導入すると戸籍制度を廃止しなければならず、家制度の崩壊につながる」と主張したり、「離婚後に、別れた相手との間に生まれた子どもとの関係が続くのは違和感がある」と主張したりするなど、共同親権に反対する保守派の態度はあまりにも呑気《のんき》すぎると言わざるを得ない。家が白アリに食われ倒壊しかかっている状況で、門構えに拘《こだわ》っている場合ではない。

全体主義国家が成立した際に真っ先に粛清されるのは、赤石らと共闘し「共同親権」導入に反対した保守派である。そのことを自覚すべきだ。赤石らを即刻、政府から駆除した上で、共同親権とフレンドリーペアレントルールを導入し、白アリの栄養源たる「実子誘拐」利権を潰《つぶ》さなければならない。

台湾は、日本と同様に戸籍制度を有しているが共同親権制度も採用している。裁判所においてフレンドリーペアレントルール（善意父母原則）を採用するよう民法に規定もしており、監護者が面会交流を妨害する場合、監護者変更を裁判所に申し立てることも可能である。日本の伝統的制度と共同親権やフレンドリーペアレントルールは共存できるのだ。

もちろん、共同親権の導入にあたっては、DVの問題など解決すべき課題はある。しかし、諸外国を見れば明らかなとおり、これも共同親権と二律背反《にりつはいはん》ではない。共同親権制導入と同時にDVを刑事罰化するなどの対応を取ればよいだけであり、DVにより共同親権にできないとの理屈は通らない。

「実子誘拐」問題は簡単に解決できる。正解を導く道徳律も極めてシンプルだ。「自分がやられて嫌なことは他人にしない」「欲しいものを無理やり奪って独り占めしない」「嘘をつかない」。いずれも幼稚園で教わることであり、これを難しい問題にしているのは、問題が解決されると困る輩《やから》が活発に工作活動をしているためである。これが唯一にして最大の壁だ。

「『共同親権』や『フレンドリーペアレントルール』の導入は慎重にすべき、『安全・安心な（監視付き）面会交流』と『国による養育費取立て機能強化』の仕組みの導入を優先せよ」と騒ぐ人々は、全体主義社会の実現を含めた「利権の維持・拡大」という邪《よこしま》な意図を隠し持っている。そのようなノイズに気を取られなければ、一年も経たずに解決できる造作《ぞうさ》ない問題である。

単独親権を堅守する日本と北朝鮮

二〇二〇年九月二十九日「家族法研究会」の会合で報告書案が発表された。

この研究会は、二〇一九年、「共同親権」導入の是非を検討する場として法務省が事実上設けたものだ。報告書案の結論は、「限られた期間内で父母の離婚後の子の養育の在り方について、現行制度の見直しの当否の点も含め、一定の方向性を示すことは困難である」というものだった。

共同親権制については、先進国の多くは八〇年代には制度移行し、先進国で移行していないのは日本だけである。東アジアで単独親権制を堅守している国は北朝鮮と日本のみ。そのような状況において、一年近く検討したにもかかわらず、「限られた期間内で一定の方向性を示すことは困難」とはよく言えたものだ。

この研究会は審議会と同様の役割を担《にな》っている。審議会はしばしば「官僚の隠れ蓑」と批判されるように、御用学者ら「専門家」を使って、官僚がもっていきたい方向に議論を進めさせ、「報告書」を政府に答申させる場合が多い。その報告書を「専門家の方々の貴重な意見」として官僚は恭《うやうや》しく受け取り、政策を進めるのである。

法務省に送り込まれている共同親権導入反対派の裁判官らにとって、現状をそのままにできれば勝ちである。研究会に賛成派、反対派双方の「専門家」からヒアリングさせ、反対派に自らの思いを代弁させた上で、「各方面から様々な意見が寄せられている影響の大きなものであることからしても、なお慎重に議論を重ねていく必要がある」との報告書を作成させれば、共同親権移行への流れを止められる。裁判官は自分の手を汚さずに改革を潰すことができる。

なお、この研究会に反対派の「専門家」としてヒアリングに呼ばれた者に、赤石千衣子、千田有紀など、おなじみの面々のほか、慶應病院小児科外来医長を務めた渡辺久子という精神科医がいる。渡辺は、「ハーグ慎重の会」にも名を連ねていることから明らかなように、赤石らと組む同志だ。

この渡辺の手による「子どもが別居親と会いたくないと言っている」と書かれた意見書が裁判所に提出された結果、子どもの親権を奪われたと被害を訴える親が少なからずいる。

卒田さんもその一人だ。

百日面会交流提案訴訟で「松戸判決」を覆す判決を下した東京高裁裁判長の菊池洋一は「子どもが会いたくないと意思を表明している」ことも卒田さんから親権を剝奪する理由だとした。そして、この「子どもが父親と会いたくないと言っている」とする根拠は、渡辺が高裁に提出した意見書である。その意見書には、渡辺が子どもを診察した際の様子が次のように描かれている。

「（子どもが）父親については、『2歳で別れた。会っていないから、わからない』と繰り返し、表情がなくなり緊張した声になります。『顔も名前も忘れた。慣れていないお父さんとは20歳まで会いたくない』と述べています。さらに（もし会うなら）『まず良い人かどうかを父親からの手紙で確かめ、自分が会う気になるかどうかを自分で決める。会う時もまずは短い時間だけにして、誰かに同席してもらいたい。渡辺先生はお父さんに会っていいよ』といいます」

しかし、渡辺がこの意見書を裁判所に提出するわずか数カ月前に行われた裁判所の本人尋問の調書を読むと、原告である母親は次のように証言しているのである。

「『パパといつか会えるの』っていう聞き方は（子どもから）されるので、今、話合いをしているので、話合いが終わったら会えるようになるといいねっていうふうに言ってます」

「娘が言ってる言葉をそのままお伝えすると、『パパと会えるようになるの、いつ頃になったら会えるようになるの』とか、そういうことは言ってます」

「話合いが解決したら会えるといいねと言って、それに対して、うんと言っているので、会いたいという前向きな気持ちは、小学校2年生の女の子の気持ちとしては、あると思います」

渡辺が出した意見書の「子の意思」と母親の本人尋問に出てくる「子の意思」は明らかに矛盾する。どちらかが偽物である。一体どちらが正しい「子の意思」だろうか。あえて言うまでもない。そもそも、渡辺の意見書に記載された子どもの言葉はどう見ても小学校低学年の子どものものとは思えない。

しかし、こんな紛《まが》い物の「子の意思」でも、菊池が判決というテロルを行使することで現実に化けてしまう。菊池は、母親の本人尋問における調書も読んだ上でこれを握り潰した。卒田さんから親権を剝奪する判決を出すと決めている菊池にとって、卒田さんの娘の本当の「子の意思」は目障《めざわ》りでしかない。

憲法では「裁判官は良心に従い職権を行う」と規定し、裁判官に「良心」があることを当然の前提としているが、菊池を見れば、それがまったくの誤りであることがわかる。

良心のかけらもない慶應病院小児科外来医長と東京高裁裁判長の二人が組めば、「法外な嘘」を現実化することなど朝飯前。まさか医者と裁判官がこんな不正を働くとは誰も思わない。

厚生労働省局長を有罪にしようと謀《はか》り、検察官が証拠のフロッピーディスクを改竄《かいざん》した刑事事件があったが、それに構造は似ている。

森元裁判官が共著『虚構の法治国家』で述べているように、裁判官は、「妄想としか言いようがないところまで、観念による操作を膨らませて有罪に到達」する。「妄想」に合致《がっち》する証拠は、捏造された物でも採用する。合致しない証拠は握り潰す。検察官、弁護士、医師らは、そのような裁判官の「妄想」に合致する証拠を偽造し提出する。「法の支配」とは程遠い「絶望の裁判所」がそこに厳存《げんそん》する。冤罪《えんざい》は彼らと裁判官の共同作業により生まれる。証拠改竄という犯罪の裏には、彼らと裁判官との癒着がある。

逆走する日本の「専門家」

渡辺医師と裁判官の癒着の構造は、上記の家族法研究会でも見られる。渡辺は、研究会のヒアリングにおいて、

「離婚は父母間の共同関係の破綻であり、離婚後共同し養育の重要な決定をすることは、子に有害である」

と言い切っている。

世界の大半が実施している共同親権・共同養育を「子に有害」だと断定したのだ。世界を向こうにまわす驚くべき主張である。しかし、報告書案では、この非常識で荒唐無稽《こうとうむけい》な主張をまったく吟味《ぎんみ》せず、そのまま記載している。

「共同養育は子に有害」と主張する渡辺と、「親子の交流は近所の友達との交流に支障が生ずるおそれがあり、子の利益になるとは限らない」と判決文に書く菊池ら裁判官は同じ穴の貉《むじな》である。

では、渡辺が主張するような「有害」な制度の下で育つ諸外国の子どもたちと異なり、日本の子どもたちは、そんなに幸せな環境に生きているのであろうか。

二〇二〇年九月三日に国連児童基金が発表した子どもの幸福度調査を見ると、日本は、精神的健康の分野において、調査対象三十八カ国中三十七位である。その理由として、自殺率の高さや生活（人生）の満足度の低さが挙げられている。これが現実だ。

離婚後の面会交流を実施していると答えた母子世帯が三割に満たず、月二回以上の面会交流を行ったことがあると答えた世帯は六％しかない（厚生労働省）。離婚家庭の子どもで別居親と交流できていない子どもの「自己肯定感」はそうでない家庭の子どもに比べて低い（大正大学・青木聡《あきら》教授）。「自殺を考えたことがある」と答えた高校生の割合が、ひとり親家庭の方がそうでない場合に比べて二倍以上高かった（沖縄県）などの調査結果がある。

これらの調査結果を踏まえると、離婚後の共同養育・面会交流と子どもの幸福感には相関関係があると推定できる。しかし、渡辺は、このような現実をまったく無視し、離婚後の「共同養育は子に有害」と言い切ってしまう。

なぜなら、渡辺にとって、卒田さんの娘の意見書にみられるように、現実は自分の正しいと思う価値観にあわせていくらでも改竄できるものであり、現実を踏まえた判断など不要だからだ。

これが、イデオロギーの怖さである。

アーレントが言うように「イデオロギー的思考は、一切の経験に依存しなくなる。経験はこの思考には何一つ新しいことを知らせ得ない」のである。

二〇一八年、世界保健機構が「国際疾病《しっぺい》分類（国際的に統一した基準で定められた死因及び疾病の分類）」の改訂版を公表したが、そのなかに「親との関係喪失が与える子どもの健康への害」が新たに追加された。しかし、渡辺は上記ヒアリングにおいて、その事実に一切言及していない。厚生労働省によると、この分類は、公的統計や医療機関における診療録の管理等において広く活用されているものであり、医療関係の専門家であれば決して見過ごすはずのないものである。

厚生労働省社会福祉審議会児童部会委員を務め、世界乳幼児精神保健学会理事でもある渡辺が、この事実を知らないわけがない。自らのイデオロギーを政府に入れ込むため、不都合な事実をないことにしたのだろう。極めて悪質である。

このように、渡辺ら「専門家」は、政府内の政策決定過程に入り込み、法務省に寄生する裁判官らと結託して、「現実に対して〈より正しい〉リアリティを打ち立て」つつある。我々は、医師・弁護士・大学教授などの「専門家」の主張を妄信する傾向があるが注意しなければならない。ナチスドイツ親衛隊中佐アイヒマンが、ユダヤ問題の「スペシャリスト（専門家）」と呼ばれていたことを忘れてはいけない。

この「専門家」らを政府からパージする必要がある。

同時に、第五章で提案したように裁判官にも法務省からお引き取りいただかねばならない。三権分立に反し違憲である以上に、まともな判決一つ書けないような無能な人間は政府に不要だ。元最高裁長官の矢口洪一《こういち》が、「二十年ぐらい裁判官をやっていたら、世情なんか全然わからなくなる」と言っているくらいである。

裁判所という全体主義組織のなかで非人間化され、「他の人の立場に立って考える能力」を喪失し、自身の昇進と「再就職」のことで頭がいっぱいになった国民の〝敵〟を政府内に置いておくことは、百害あって一利なしである。

おわりに

二〇二一年二月十日、上川法務大臣は、父母の離婚に伴う子の養育のあり方に関する法制度の見直しを法制審議会に諮問《しもん》した。共同親権も審議の対象になる。このニュースを聞き期待を膨らませた「実子誘拐」被害者がいるかもしれないが、期待してはいけない。

審議会とは、前述のとおり「官僚の隠れ蓑《みの》」である。法制審議会を担当する政府内の部署は法務省司法法制部。菊池洋一元東京高裁裁判長がかつて部長を務めていた部署だ。現部長は裁判所から出向している金子修。期待する方が愚かである。

審議を行う法制審議会家族法制部会の委員名簿を見ると、手嶋《てじま》あさみ最高裁事務総局家庭局長をはじめ裁判官や弁護士、赤石千衣子など「実子誘拐」ビジネス受益者の名前が並んでいる。部会長は家族法研究会座長の大村敦史教授。部会の議論は、家族法研究会及び養育費不払い解消に向けた検討会議と同じ方向に収束することだろう。

上川法務大臣は諮問に際し「子を第一に考える視点で、実態に即した検討を期待する」と述べたが、「法務大臣が何を言おうと関係がない」のだ。共同親権は先送り、フレンドリーペアレントルールなど審議すらされない。「切捨て御免」である。

一方で「安全・安心な（監視付き）面会交流」と「国による養育費取立て機能強化」のみを法制化しろとの答申が出てくる――。これから何が起こるかは手に取るようにわかる。しかし、それがわかっても阻止することは簡単ではない。

法制審議会という伏魔殿《ふくまでん》の奥深くで、金子司法法制部長、小出民事局長、手嶋家庭局長ら魑魅魍魎《ちみもうりよう》が跳梁《ばつこ》するのを一般国民はおろか法務大臣でさえ止められない。そして、我々国民は、この審議会が下した「ご神託《しんたく》」に従う以外の選択肢を事実上与えられていない。今回下される「ご神託」は、我々を全体主義社会という「地獄」に召集する「赤紙」である。それを受け取りたくなければ、判検交流廃止など、立法・行政プロセスに潜り込んだ裁判官らをつまみ出す手立てを早急に講じること。残された時間はわずかだ。

このように、いま〝妖怪〟が政府内を徘徊《はいかい》している。全体主義という〝妖怪〟だ。政府は、完全に憑依《ひようい》される前に、この妖怪を身中から追い出さなければならない。その上で、美しい歌声で船乗りを誘い寄せ、船を難破《なんぱ》させる怪物セイレーンに対峙《たいじ》するが如く、彼らの声に耳を傾けないよう用心すれば、彼らに惑わされることはなくなる。

政府が聞くべきは、彼らの声ではなく、「パパと会えるようになるの、いつ頃になったら会えるようになるの」と母親に繰り返し聞く卒田さんの娘の声であり、「ママに会いたい」と思いながら、母親に送る手紙に「しね」「ババア」と書かされている子どもの内なる声であり、「前のパパが良かった」と言いながら継父に殺された目黒虐待死事件の結愛《ゆあ》ちゃんのような子どもたちの小さな声である。

最後に、第六章の冒頭でとりあげたDVシェルターから逃げてきた少女の言葉を引用し筆をおく。彼女のこの一言は、政財官の「実子誘拐」集団を構成する蒲田孝代・齋藤秀樹・芝池俊輝・鈴木隆文ら人権派弁護士、赤石千衣子・駒崎弘樹・近藤恵子・渡辺久子ら「専門家」、大竹昭彦・鬼丸かおる・菊池洋一・若林辰繁のごとき裁判官らが束になり千万《せんまん》言《げん》を費やし反論しても決して敵《かな》わない。

私たちは日本の未来だ。父親たちは子どもたちと会える。母親たちは子どもたちと会える。兄弟たちもちゃんと会える。このような社会は常識だ。

池田　良子（いけだ・よしこ）

ジャーナリスト。
ヒューマニスティックな視座で、世の中の不条理や不正義を問う！

実子誘拐ビジネスの闇

2021年４月26日　第１刷発行
2023年６月24日　第４刷発行

著　　者　池田良子
発 行 者　花田紀凱
発 行 所　株式会社　飛鳥新社
〒101-0003　東京都千代田区一ツ橋2-4-3　光文恒産ビル
電話　03-3263-7770（営業）　03-3263-7773（編集）
03-3263-5726（月刊『Hanada』編集部）
https://www.asukashinsha.co.jp
装　　幀　神長文夫＋松岡昌代
印刷・製本　中央精版印刷株式会社

ISBN 978-4-86410-827-0

編集担当　野中秀哉／月刊『Hanada』編集部／工藤博海